正法難聞

惟明法師開示語錄2

讀經札記

這本書的內容不管錄自佛經祖語，抑是作者自己因有感而發之言論，用字無不力求簡潔，釋義無不盡量明晰，讀來自然給人一種平實親切的感覺！

惟明法師——著

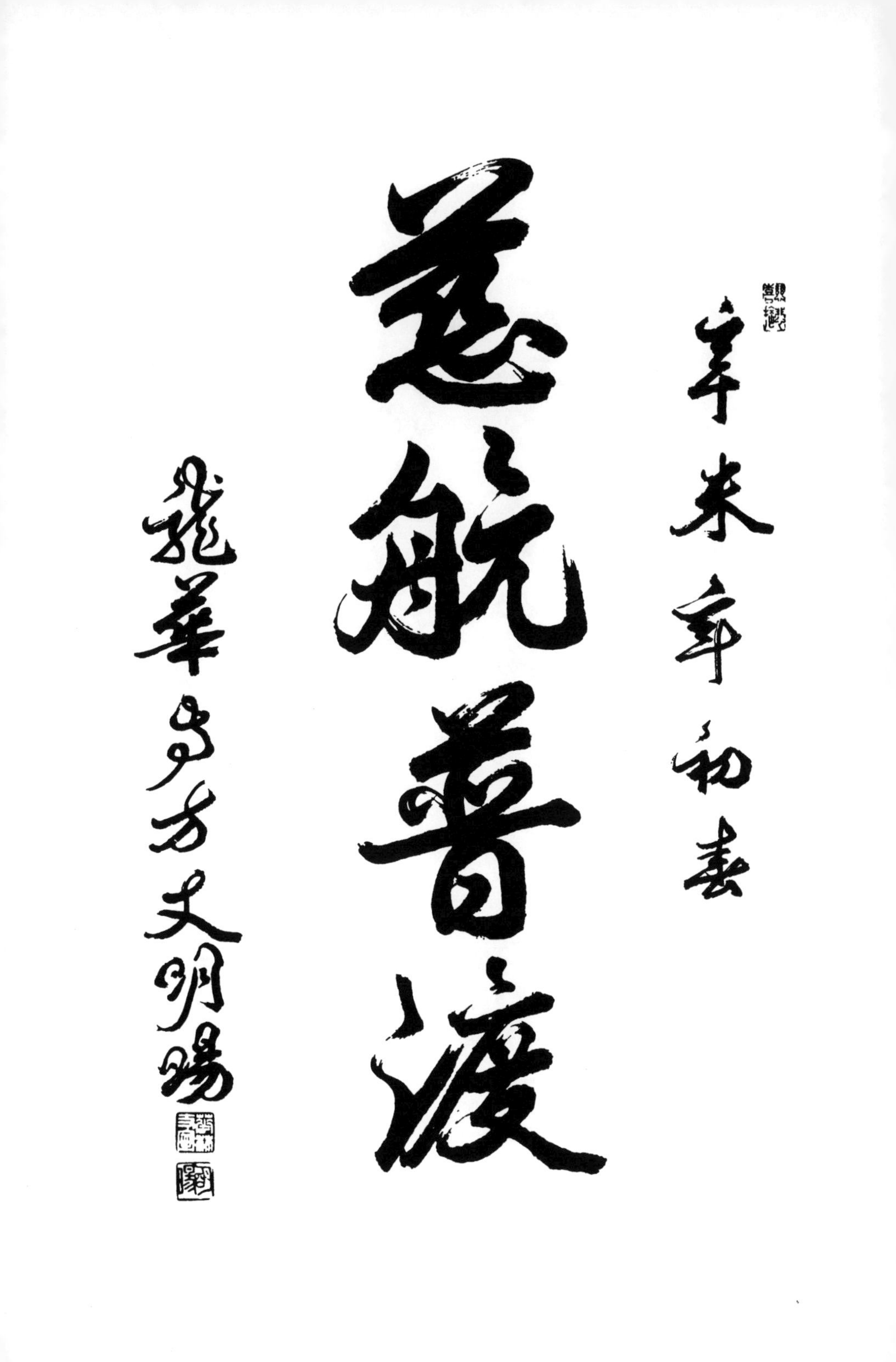

辛未年初春

慈航普渡

龍華寺方丈明暘

法海點滴出版

法海甘露點滴清涼

普霑法益歸命覺王

悟明題

目錄

下篇 禪悅錄

真華法師序

由於過去二十年來，經常參與傳戒、教學、弘法等活動，對於年輕一代的出家衆，我認識的不少；並且在這些不少的青年人（現已大多進入中年）中，也多少知道一些他們修學所趣向的途徑，以及其性格等。因此，我深深的感到值此末法時代，青年人修學佛法，如果沒有良師益友的常相扶持，望其具正知見，發長遠心，死守善道，始終不渝，受得清淡，耐得寂寞，離諸偏執，獲大成就，的的確確是一件不易的事！

比如說：有些青年人，在出家受戒後，初發心修行時，精進勇猛得不得了，恨不能馬上就了生脫死。但因其沒有善知識的引導，自己又不知依行起解，於是盲修瞎煉了一陣子，結果好像洩了氣的皮球，再也鼓不起來了！還有些青年人，自以爲在出家前曾受過某種教育，國學根柢不錯，於出家受戒後便自個關起門來，廢食忘寢的向故紙堆裡猛鑽，恨不能一口把三藏教典吞進肚子，大開圓解，作人天師。但因其没有善知識的引導，自己又不知依解起行，於是說食數寶了一陣子，結果好像斷了線的風箏，再也昇不上去了！更有些青年人，雖很幸運的遇到了善知識，跟盲龜在大海裡遇到了浮木孔一樣，加上自己的努力，過了些時得到少許解行相應。但因其我執深固，法執堅强，凡有所作，又顯得傲慢自大，高人一等，目空一切，不可一世的樣子，結果自然是令人不敢恭維，或是敬鬼神而遠之了！此外，也許還有些青年人，出家受戒後，依佛言教，以戒爲師，虛懷若谷，卑以自牧，自修自學，有行有解，安貧道樂，卓然有成者；但以我所知道的，則僅見之於惟明法師！

其實，我與惟明法師相識雖已十有餘年，因他行如野鶴，居無定所，卻數年也難得一見。可能是因我在觀察他時學了點孔老夫子「觀其所行，察其所安，人焉庾哉？人焉庾哉？」的本領吧，所以對他知之特詳。有一次我們晤面，因見他在道上愈有進步，似乎就愈堅固了他「守道老死丘壑」的決心。於是我勸他說：「今後佛教的興亡，責任在我們出家佛子的肩膀上！現在正是法弱魔强，邪說肆橫的時候，你實在應該發發大心，走出山林，進入都市或鄉村，把自己修學所得，隨緣布施衆生，不要老住在『雲深不知處』的地方，作自了漢了！」當時他聽了默不作聲，近日才來信說：「記得法師曾勉勵惟明爲教盡力。然禀性拙訥，爲一十足啞羊僧，至感慚愧！」古德有言：「物暴長者必夭折；功速成者必易壞；不推久長之計，而造卒成之功，皆非遠大之資。夫天地最靈，猶五載再閏，乃成其功，備其化；況大道之妙，豈倉卒而能辦哉？」惟師的謙稱爲啞羊，韜光養晦於山林，我想也許是因爲受了這古訓的影響吧？

萬未料到，這位自稱「啞羊」的息影山林者，竟突然在八月中旬的某日，從南投一山寺中打來長途電話，要我爲他的大著「法海點滴」寫一篇序。當時，雖因推辭不掉答應了他，但及至看完他寄來的文稿，則又感到後悔不已！因爲在他這部約十五萬字的作品中，發現他不僅是在佛學上的造詣使我望塵莫及，文字之美更非我所能比擬，何況這還是他五年前的舊作，目前的成就不是更上層樓了嗎？不學如我那有資格給他寫序呢？但繼之一想，既已答應了人家，豈可食言？是故祇好搜索枯腸，執筆苦思，獻醜一番了！

平心而論：「法海點滴」一書中，內容雖多係錄自佛經祖語，卻是著者把那些佛經祖語，全部細嚼爛嚥，消歸自己以後，所吐露出來的心聲。不然，他絕不可能在每錄一段佛經祖語，即畫龍點睛似的，加上幾句評注或發人深省的感歎之言，而立刻使那些佛經祖語所蘊藏的妙義，活潑潑的躍然紙上！爲了證明此點，這裡且舉幾則例子，來與讀者共賞：

一、如37（一四三）頁，著者於摘錄雜阿含卷五和卷三七，述及尊者舍利弗爲諸比丘和給孤獨長者說微妙法『大師唯說調伏欲貪』時，寫道：「佛與衆生同稟一真如性，此真如之體寂而常照，照而常寂，無始以來未曾變異；好比明鏡，雖能映現萬物，而永不與此幻影和合。諸佛聖賢，明達此理，守此自性，故得享無生大樂，和隨緣度脫衆生。凡夫則不然，貪染塵境，捨鏡體而取幻影，隨幻影而起憎愛之情，於無生中，妄受生死大苦。今欲出離生死，亦至簡單，但調伏欲貪，不認六塵緣影爲心，但對鏡中的幻影不再馳逐，自然妄盡真露，自然『生滅滅已，寂滅現前！』」

二、如11（四十七）頁，著者於摘錄增壹阿含卷二三，述及佛陀修行『六年寒徹骨，心苦有誰知』的一節時，寫道：「世尊刻苦修行以至於斯，令人心酸，亦令人感極而泣！世尊本所誓願：『吾所願者，無憂畏處安隱恬泊涅槃城中，使此衆生流浪生死，沈翳苦惱者，導引正路。』而今正法消沈，無上妙理淪與鬼神爲伍。世尊，末法佛弟子太辜負您了！太對不起您了！」

三、如54（二〇九）頁，著者於摘錄雜阿含卷一三，述及佛陀與富樓那的對話『聲聞慈與菩薩慈』的一節時，寫道：「一般人多以爲聲聞學者唯求自了，不肯涉俗度生，實則並不盡然；聲聞乘中亦有菩薩根機的，如阿難、富樓那等，即其中佼佼者。」又寫道：「反觀自詡爲大乘的我國佛教，『菩薩』精神喪失殆盡：或厭穢忻淨，置此土衆生於不顧，或棄有著空，自以爲無衆生可度；更有等而下之的，遇名利則互相奔競，遇外侮則彼此『龜縮』，此豈菩薩精神？」

像以上這類精闢的闡理之說感歎之言，書中俯拾皆是，不勝其多。如讀者能摒除雜念，專心玩索，「如人飲水，冷暖自知」之味，必然深得！

同時，最難得可貴的是：這本書的內容不管錄自佛經祖語，抑是著者自己因有感而發之言論，用字無不力求簡潔，釋義無不盡量明晰，讀來自然給人一種平實親切之感！這如與時下教界一些出版物，只講字多，不求切實，看似汪洋灑灑數十萬言的皇皇巨著，實則金玉其外，敗絮其內，廢話連篇，不忍卒讀者相比，真有著霄壤之別了！因爲字多而義不精的作品，恰如沖淡了的牛乳，看似乳色，食卻無味！並且這種淡而無味的貨色，對讀者的時間、金錢、精神等固然是無謂浪費，而作者自己如執著己見，壞亂佛法，就更是罪過了！關於這點，唐道宣律師曾有批評說：「古者大德講華嚴經唯一卷疏，於後法師作三卷疏；今時講者十地一品出十卷疏。……文字浩博，寄心無所！然文者當體即義，何須人語？」接著他老又引證云：「經文是一，講者異說，各恃己見，壞亂正法，天神瞋故，三災俱起！以是因緣，佛法淡薄；如一斛水，解一升酪，看似酪色，食即無味」！「法海點滴」的著者，可能早已看透了這種弊病，所以他來信說：「本書係以佛經祖語爲骨幹，不敢師心自用，當可免謬誤說法之咎。」善哉善哉，好極妙極，這兩句話不啻午夜警鐘，必可驚醒喜著書立說，而又好「師心自用」者之迷夢！

書共分上、中、下三編：上編爲「閱經錄片」，收文共六十篇；中編爲「珠璣集」，收文加附錄共二十五篇；下編爲「禪悅錄」，收文加附錄共六篇。這三編九十一篇文章，皆爲著者自民國五十三年至六十三年，於禪觀之餘，所寫的讀經心得，見聞感言，以及破邪顯正之作，且曾以不同筆名在「菩提樹」、「覺世」、「獅子吼」等教內刊物上發表；發表期間，因國人習性多喜簡略，大家又都生活在分秒必爭的工業社會裡，一讀到這種文字精簡，內容充實的作品，無不歡喜讚歎！是以同參道友再三促請著者彙集成書，以廣傳佈！著者亦覺唯有弘傳正法，始能報佛深恩，遂著手開始整理，並交由日月潭玄奘寺出版。起信論云：「是諸佛法，有因有緣，因緣具足，乃得成辦。」著者弘法利生之心，因也；師友樂於助成之舉，緣也；玄奘寺出資印行，則因緣具足，乃得成辦也。至於書名所以用「法海點滴」者，乃因書中所載雖僅佛法大海中之點點滴滴，然由此點點滴滴則不難進取佛法大海中之無量寶藏；更何況妙法一滴，原是起死回生之甘露，能令服者人人自在，個個安隱呢！

民國己未年八月廿五日　真華序于臺北之指南山

自序一

生從何來？死往何去？為人生最迫切需解決的問題！試一閉目，前際茫茫，後際墨墨，何處是吾人安身立命之處？生死大事為根本，飲食男女乃至利名家國為枝末；根本問題不獲解決，則一切枝末落空！

然，為何有此生死輪迴現象？現前迷惘的身心世界由何而起？曰：由眾生迷失真心，隨逐妄想而起！譬猶清淨的水（即真心），為灰土等雜質（指煩惱妄想）所污染（真妄和合），遂現此混濁狀貌（各各有情的根身），和不可樂現象（濁水苦澀猶老、病、死等八苦）。

由以上譬喻，我們可以明白，眾生由於背覺合塵，故有此生死流轉，今欲返本還源，也唯有自背塵合覺下功夫！亦即：混濁的水（六道眾生），須經沈澱、過濾等過程（修戒定慧三無漏學），俟水質純清淨白（朗然大覺，常、樂、我、淨）即大功告成（成佛）。

同時，佛法如大海，愈入愈深，進一步我們可以觀察到：真如不變隨緣，隨衆生煩惱的厚薄，而有右述的昇沈互見（猶水隨污染程度顯現不同形狀顏色）；復由真如隨緣不變，佛與衆生雖迷悟之有殊，而現前一念覿體無二（水雖混濁，然此水性究與灰土等雜質性離；亦猶虛空雖爲雲霧所翳，然此虛空終不更動絲毫；鏡花，水月，均可爲喻），苟起真正觀照，一念即至佛地（昔本無迷，今亦無悟；體自如如）！世尊菩提樹下睹星悟道，首先明見斯理（在此之前，六年苦修，雖行的是背塵合覺功夫，仍屬漸修），以後禪宗燈燈相傳，皆奠基於此！佛爲一大事因緣出現於世，不外以此頓漸二種法門，使衆生翻迷啓悟，脫出苦海。

「法海點滴」係由筆者的閱經札記，學佛心得等彙編而成，內容散漫無章，屬隨筆性質，然其重點則在闡發右列要義。

本書分上中下三編。上編「閱經錄片」，內容以阿含經爲主，在每擷錄一段經文後，附有筆者的一些心得感想。中編「珠璣集」，係將佛經祖語精簡部分，加以分門別類；屬於閱經札記。下編「禪悅錄」，爲筆者較早時期的學禪心得，内容多引證祖師語錄。筆者一向疏於文墨，且所閱讀過的經典也極爲有限，但以佛恩難報、信施難消，且經律中有「剝皮爲紙，析骨爲筆，書寫經典」的訓喻，古德有「半偈亡軀，一句投火」的求法精神，是以不得不勉，遂斷斷續續集成這一册子，自覺深度、廣度均不夠，然意在接引初機，使對正法生起欣求之心；尚望博達之士，賜予教正。

書成，蒙真華老法師於百忙中撰序，悟明老法師題字，法振法師設計封面，增光篇幅，併致謝意。

民國六十八年九月五日　釋惟明于埔里

自序二

釋尊於菩提樹下，睹星悟道，嘆曰：「奇哉！奇哉！一切衆生具有如來智慧德相，但以妄想執著，不能證得。」自是演揚種種妙法，解黏去縛，令脫苦輪。佛爲法王，於法自在，以種種譬喻，開闡顯發。雜阿含經卷四十九，有天子說偈問佛：

「車從何處起？誰能轉於車？
車轉至何所？何故壞磨滅？」

世尊說偈答言：

「車從諸業起，心識轉於車，
隨因而轉至，因壞車則亡。」

此段對答，以車的生起、壞滅，來形容衆生生死流轉、還滅過程。

生死根源，起於無明！

云何無明？

「不知是無明。」（雜阿含經）

「不了第一義故，名曰無明。」（華嚴經）

「以不達一法界故，心不相應，忽然念起，名曰無明。」（大乘起信論）

——更親切的形容，出於『大梵天問佛決疑經』：大梵天王以金色波羅花獻佛，請佛說無上大法，世尊登座，拈花示衆，時聽法大衆，悉皆罔措——當面蹉過，即此是無明！

由此可知，生死本空，一道晴虛！現前果報身之所由來，由於前世起惑（惑、無明義同：迷失自心）、造業（身、口、意業），招感而來（心識入胎、發育、成長）。如不能覷破虛妄，則今生根境相對時，復生愛、取（起惑），業力成就，又感來生果報（苦）。如是惑業苦三（推展開爲十二因緣），循環不息！

——可作如是譬喻：如人在家，安穩無事（禪家曰：父母未生前本來面目），才步出門外（瞥起妄念，落入心識——真妄和合，即第八識。變現根身、器界、種子；車之譬喻，於焉形成），顯現車子（色身），御車之人（精神作用：受、想、行、識），路線景觀（依報環境），迷其所由，馳騁於諸道中（法身流轉六道，名曰衆生）！形形色色的車輛、道路（胎生、卵生、濕生、化生等，及其依報環境），構成一幅壯闊的輪迴圖（無明妄動，隨業遷流）！此即偈言的「車從諸業起，心識轉於車，隨因而轉至」。在流浪過程中（循業發現），嚐到種種的悲歡離合（身心、環境、人事的遷變逼迫：即八苦）。復因憎愛取捨（煩惱：即惑），結下種種恩怨（善業、惡業、別業、共業）。在行馳告一段落，車毀人亡（一期報盡，八識——俗稱靈魂，離體），由於無明、愛未斷，隨其因緣——業力，新的車子、駕車之人、路線，又告顯現（八識入胎，另一期生命開始）。如是數數換車，數數更換路線——隨因而轉至！經塵沙劫，無有休息！（龐蘊詩：別淚成河海，骨如毗富山，祇緣塵、識、法，所以遣心然。）

然，如何止息虛妄生死？佛說四聖諦：知苦（車，五蘊身心：無常、苦、空、不淨），斷集（車所由起：惑、業），慕滅（歸家：斷惑證真）、修道（修三十七道品、六度等：因壞車則亡）。指出苦之果、苦之因、苦之滅，以及苦滅之道！然如何滅苦？

——一由無明支下手（心真如門下手：捨識用根），世尊夜睹明星，心光顯發，明生無明滅——諸法自本來，常自寂滅相，惟一不生不滅之體。無車、無駕車之人，亦無路線種種景緻。強名隨緣不變，強名真心，強名實相，強名空……。雪峯曰：盡大地是爾。無業見僧來參，但云：莫妄想。——略顯親切！此法門重參究現前一念，直下知歸（楞嚴經云：知見立知，即無明本；知見無見，斯即涅槃。）禪宗的棒喝、公案、參話頭等等，均指向這點。由於馳求心未息（騎牛覓牛），未悟時千難萬難，一旦豁然，則知：太近！

——一由愛、取支下手（心生滅門下手：轉識成智）：守護根門，調伏內心貪愛。就五蘊身心，逐步做翻染成淨工夫。主要修四念處：觀身不淨、觀受是苦、觀心無常、觀法無我。行八正道：正見、正思惟、正語、正業、正命、正方便、正念、正定。做去妄歸真工作

（猶不再執車爲實在，循歸家路駛去）。又以衆生根有利鈍，迷心（精神）、迷色（物質）有偏重。爲鈍根者（色、心俱迷），說十八界（六根、六塵、六識），爲中根人（迷色），說十二處（六根、六塵）；爲利根者（迷心）說五蘊（色、受、想、行、識）。重重剖析，使不再認假爲真，漸泯身心，無所取著——「因壞車則亡」！證入實相。（離虛妄相，名爲實相。）

以上禪、教二種法門，禪門由內打出，先悟後修（保任）；教下由外攻入，依戒、定、慧遞進。亦即：禪在未跨門前——念未起處著力，並加保任，不使走作。教則按步就班，如浪子回鄉，日日接近家門。（故不立文字、念佛一聲漱口三日，和精通三藏、日持十萬聲聖號，其間並無矛盾。）禪堪稱殊勝法門，教則是修行大道。禪教爲佛教二甘露門，能利益無量衆生，隨其信、解、行、證，得到各各不同的利益。

至於大、小乘的差別：禪、教均是不住色聲香味觸法法門，一體證心性本淨，一拂拭令淨。依此法門，孜孜自修，求出離三界的，爲聲聞乘；依此自修，復能輾轉教他的，即是大乘。所謂自覺（聲聞）、覺他（菩薩）、覺行圓滿（佛），應包括了全部佛法。

●

『法海點滴』初版於民國六十八年，迄今已經十年，其間『普門文庫』、『大乘精舍印經會』曾再版過。本書屬隨筆性質，內容未臻完善，今將重新排印，除將闕漏的幾篇增入外，試述佛法大意，補內容之不足，同時也是一種提要，使本書內容，彼此有個隸屬，方便于閱讀。

民國七十八年（一九八九）十一月十五日　釋惟明于圓明靜室

珠璣集

1 正法難聞

△常者皆盡。高者必墮。合會有離。生者皆死。（賢愚經）

按：世尊久遠劫前身爲國王，剜身而燃千燈，求此偈。

△一切皆無常，生者皆有苦，諸法空無生（生一作主），實非我我所。（賢愚經）

按：世尊昔作大國王，於身釿千鐵釘，而得此偈。

△夫生輒死，此滅爲樂。（大方便佛報恩經）

按：世尊昔爲大轉輪王，剜身燃千燈，求此半偈。

△如來證涅槃，永斷於生死，若有至心聽，當得無量樂。（大涅槃經）

按：世尊昔爲貧人，割身肉聽法，而得此偈。

△佛告彌勒：「若金、銀、琉璃、真珠、瑪瑙、珊瑚諸寶，及諸樂具，不能令人離於生老病死，憂悲苦惱。彌勒！唯有正法能大利益，離於生老病死，憂悲苦惱。」（大寶積經摩訶迦葉會）

△佛告迦葉：「若有菩薩以滿三千大千世界，上至梵天，香花燈明，一一燈柱，如須彌山，以如是等供養如來；若有菩薩淨心持戒，於師尊所，受持讀誦一四句偈，淨心修行乃至七步，功德勝彼，無量無邊。迦葉！若有菩薩以滿三千大千世界花香、末香，於百千歲，晝夜六時，供養如來；若有菩薩捨於憒鬧，深畏三界，爲利衆生，發心趣向，阿蘭若處，舉足七步，勝前功德，無量無邊。」（大寶積經摩訶迦葉會）

△菩薩不讀、不誦如來正經，讀誦世典、文頌、書疏者得罪。不

犯者：若爲論議，破於邪見；若二分佛經，一分外書。何以故？爲知外典是虛妄法、佛法眞實故，爲知世事故，不爲世人所輕慢故。（菩薩善戒經）

△勉學內典：「佛法學人，若一廢內尋外，則便得罪。縱解理行，唯可暫習，爲伏外道，還須厭離，進修內業，務令增勝；若偏耽著，則壞正法。今且略論：中下之人，薄學淺識，謂智過人，起大憍慢，放逸形容，陵蔑一切、籠罩天地，跰踞師長之前，叱吒尊人之側；道本和合，恭順爲僧，既心形乖反，豈成僧寶也！或有專讀外典，歌詠琴棋，諷誦詩書，徒消日月；內教法藥，救生爲急，文奧理深，辭華秘博，能解一句，演無量義，新舊經論，卷軸數千，曾不窺檢一句之義，外書不急之事，日夜勤學。若恐白衣笑我無知，不學世典者；何如俗人問我經義，不能答耶？居內不閑於外，未足可羞；在內不解於內，恥辱彌甚！良由時將末法，人命轉促，無常交臂，朝不謀夕；恐一入幽塗，累劫難出，再遇佛法，想見無由！雖經律許一分

學外，爲伏外道，此爲上品聽叡者說，先諳於內，兼令知外，機辯鋒芒，出言關典，內外博究，堪爲師匠；得如經說，爲伏外道。今自量身，觸事無能，神識常閉，愚戇恆聞；自救無聊，何能利物，色香不通，何辨菽麥。願自退私，省己爲學。」（先德垂示）

△比丘、比丘尼、優婆塞、優婆夷能教化人，具足施、戒、多聞、智慧，若以紙墨，令人書寫，若自書寫，如來正典，然後施人，令得讀誦，是名法施。如是施者，未來天上，得好上色。何以故？衆生聞法，斷除瞋心，以是因緣，未來世中，得成上色；衆生聞法，慈心不殺，以是因緣，未來世中，得壽命長；衆生聞法，不盜他財，以是因緣，未來世中，多饒財寶；衆生聞法，開心樂施，以是因緣，未來世中，身得大力；衆生聞法，離諸放逸，以是因緣，未來世中，身得安樂；衆生聞法，除愚痴心，以是因緣，未來世中，得無礙辯；衆生聞法，信心無疑，以是因緣，未來世中，信心明了。故知法施殊勝，過於財施。（法苑珠林）

△施中上者不過法施！業中上者不過法業！恩中上者不過法恩！

（增壹阿含經）

2 不淨觀

△欲爲第一火，痴爲第一闇，瞋爲第一怨，此三秉世間。（正法念處經）

△欲火憶念薪，愛風之所吹，猛火大熾然，焚燒衆生心。（正法念處經）

△佛告摩鄧女：「汝愛阿難何等？」女言：「我愛阿難眼，愛阿難鼻，愛阿難口，愛阿難耳，愛阿難聲，愛阿難行步。」佛言：「眼中但有淚，鼻中但有涕，口中但有唾，耳中但有垢，身中但有屎尿，臭處不淨。其有夫妻者，便有惡露；惡露中便有子；已有子便有死亡；已有死亡便有哭泣。——於是身有何益？」女即自思念身中惡露，便自正心，即得阿羅漢道。（佛說摩鄧女經）

△佛告比丘：「當觀此身，有諸不淨——肝、膽、腸、胃、心、肺、脾、腎、屎、尿、膿、血——充滿其中，八萬尸蟲，居在其內，髮、毛、爪、齒，薄皮覆肉，九孔常流，無一可樂。又復此身，根本始生，由於不淨。此身所可往來之處，皆悉能令不淨流溢，雖復飾以雕綵，熏以名香，譬如寶瓶中藏臭穢。又其死時，膖脹腐爛，節節支解，身中有蟲，而還食之，又爲虎、狼、鵄、梟、雕、鷲之所吞噬。世人愚痴，不能正觀，戀著恩愛，保之至死，橫於其中，而生貪欲；何有智者，而樂此耶！」（法顯譯：大般涅槃經）

△學者欲習不淨觀，當先觀人初死之時，言詞惆悵，氣味窘蒿，息出不還，身冷無知，四大無主，妄識何往？觀想親切，可驚可畏！愛欲自然淡薄，悲智自然增明。從此而修，有九想焉：一膖脹想；二破壞想；三血塗想；四膿爛想；五青瘀想；六蟲噉想；七斷散想；八白骨想；九焚燒想。但將吾所愛之人，以上九想觀之，乃知言笑歡

娛，盡屬假合！清溫細軟，究竟歸空！即我此身，後亦當爾！有何可愛而貪著哉？破欲除貪，莫此爲尚矣。（袁氏遺欲篇）

△然心行微細，麤情不覺，縱知違戒，制御尤難，豈況悠悠，終無清脫！請臨現境，自審狂心：或宛轉迴頭，或殷勤舉眼，或聞聲對語，或吸氣緣根；雖未交身，己成穢業，大聖深制，信不徒然！諒是衆苦之源，障道之本；是以托腥臊而爲體，全欲染以爲心；漂流於生死海中，焉能知返，交結於根塵網裡，實謂難逃！當自悲嗟，深須勉强——或觀身不淨，即是屎囊；或諦彼淫根，實唯便道；或緣聖像；或念佛名；或誦真經；或持神咒；或專憶受體；或攝念在心；或見起滅無常；或知唯識所變。隨心所到，著力治之；任性隨流，難可救也！（四分律行事鈔資持記）

△如一美色，淫人見之，以爲淨妙，心生染著；不淨觀人視之，種種惡露，無一淨處；等婦見之，妒瞋憎惡，目不欲見，以爲不淨。

淫人觀之爲樂，妒人觀之爲苦，淨行人觀之得道，無豫之人觀之，無所適莫，如見土木。若此美色實淨，四種人觀，皆應見淨；若實不淨，四種人觀，皆應不淨。以是故知，好醜在心，外無定也。（大智度論）

△龍蛇歌：「君不見，龍與蛇，本無常；龍若有欲即爲蛇，蛇能無欲鱗蟲王！世人所欲固雖多，飲食男女爲大病！若以飲食較男女，男女又爲欲之戈！漢高祖之大度，楚霸王之强悍：一火咸陽心不悲，虞姬別時情何軟；淮陰功高尚忍誅，戚姬臨決苦躊躇。能將欲海輕掀倒，自古人間幾丈夫！西施不知是何物，傾城傾國無多力；當時若使留於越，越霸諸侯亦未必！又不見，五百仙人善馭雲，去來空際盡超羣；纔聽宮女一聲曲，神力俱遭慾火焚！蘇子卿，持漢節，吞氈嚙雪命欲絕，死生朝夕不可保，胡婦生兒猶所悅！欲之難斷有若是！難斷能斷須男子！男子斷欲尚多難，婦人失節何足恥？言雖反，意甚切，字字分明心吐血！是男是女能斷欲，誠爲世上真豪傑！扶人倫，整世

道，苟非豪傑寧堪造？饒有周公伊尹才，未能斷欲終顛倒！大可笑，大可笑，好漢多迷尿屎竅，臭皮袋上巧莊嚴，相看莫不稱爲妙？殊不知，四大合成身，四蘊攢爲心；若以四四觀，身心何處尋？煩惱海，豈有邊，龍蛇出沒足雲煙，人欲關頭雷雨深，等閒換骨阿誰先！」

（紫柏大師）

3 觀心

△有心外法，輪廻生死；覺知一心，生死永棄。（慈恩大師）

△無心頌：「心神向寂，無色無形，睹之不見，聽之無聲，似暗非暗，如明不明，捨之不滅，取之無生。

「大即廓周法界，小即毛竭不停，煩惱混之不濁，涅槃澄之不清。真如本無分別，能辨有情無情，收之一切不立，散之普遍含靈。妙神非知所測，正覓絕於修行，滅則不見其壞，生則不見其成。大道寂號無相，萬象窈號無名，如斯運用自在，總是無心之精。」（達磨大師無心論）

△心跡：「諦觀我蘊元空寂，但是圓明妙覺心；無始時來不覺知，一念忽然生業識。念故轉成能見相，以能見故境界前；不知此是

自心成，決定執爲外境界。從茲念念常相續，取著堅深計我人；執相隨名見相違，貪瞋痴慢唯滋蔓。觸境生情造諸業，善惡皆依有漏心；生死漂沈六趣中，世世生生業繫苦。依此苦身還執著，執著還生愛惡身；愛惡薰心對境時，還用此心造善惡。善惡還招三界苦，流轉都無窮盡時；始終猶如汲井輪，亦如蠶繭自相縛。」（圭峯宗密禪師結茅自述己心跡）

△觀心銘：「心焉心焉，本自天然，卓爾獨立湛寂孤堅！妙中至妙玄中又玄，無來無去不變不遷。非迷非悟絕聖絕賢，思不可及强以言詮。由體明覺遂生諸緣，鏡含萬象海納百川。收之兮神潛方寸，舒之兮光充大千。變化自在作用無邊，乃生乃佛爲實爲權。迷之則浩浩不返，悟之則了了相傳。心焉汝靈，心焉汝靈，語汝莫忘誨汝須聽：汝具萬法兮本自圓成，萬法具汝兮其體空平。境非實境，名是假名。汝昔不悟兮枉受竛竮，汝今自覺兮可保堅貞。觸途莫滯念起即惺，六塵不染三毒乃清。休更鼓之令濁兮失其明，宜自澄之令淨兮歸元

精。」（桐江瑛法師）

△心要：「至道本乎其心，心法本乎無住。無住心體靈知不昧，性相寂然包含德用，該攝內外能深能廣，非有非空不生不滅無終無始。求之而不得，棄之而不離。迷現量則惑苦紛然，悟真性則空明廓徹。雖即心即佛，唯證者方知。然有證有知，則慧日沈沒於有地；若無照無悟，則昏雲掩蔽於空門。若一念不生，則前後際斷，照體獨立，物我皆如，直造心源；無智無得，不取不捨無對無修。然迷悟相依，真妄相待：若求真去妄如棄影勞形，若體妄即真似處陰影滅。若無心忘照，則萬慮都捐；若任運寂知，則萬行爰啓。放曠任其去住，靜鑒覺其源流；語默不失玄微，動靜未離法界。言止則雙亡知寂，論觀則雙照寂知；語證則不可示人，說理則非證不了。是知悟寂無寂、真知無知；以知寂不二之心，契空有雙忘之中道。」（清涼國師答唐順宗問心要）

△心要法門頌：

「欲達心源淨，（所迷之理。圭峯註，下同）
須知我相空。（萬物自虛）
形容何處實，（緣生本無）
念處本無從。（起處不真）
豁爾靈明現，（似日初出）
倏然世界通。（即無障礙）
真金開伏藏，（情忘理現）
赫日出暝曚。（智起惑忘）
試將心比佛，（性無異故）
與佛始終同。（真妄無別）」（清涼國師）

△山南溫造尚書問圭峯宗密禪師：「悟理息妄之人不復結業，一期壽終之後，靈性何依？」圭峯答：「一切衆生無不具有覺性，靈明空寂與佛何殊！但以無始劫來未曾了悟，妄執身爲我相，故生愛惡等

情；隨情造業，隨業受報，生老病死長劫輪廻。然身中覺性未曾生死：如夢被驅役而身本安閒，如水作冰而濕性不易。若能悟此性即是法身。本自無生何有依託！靈靈不昧了了常知，無所從來亦無所去。然多生妄執習以性成喜怒哀樂微細流注，真理雖然頓達，此情難以卒除，須長覺察損之又損：如風頓止波浪漸停。豈可一生所修便同諸佛力用？但可以空寂爲自體勿認色身；以靈知爲自心勿認妄念，妄念若起都不隨之。即臨命終時自然業不能繫；雖有中陰所向自由，天上人間隨意寄託。若愛惡之念已泯，即不受分段之身，自然易短爲長易麤爲妙；若微細流注一切寂滅，唯圓覺大智朗然獨存，即隨機應現千百億身度有緣衆生，名之爲佛。」（傳燈錄）

4 無常・苦・涅槃

△積聚皆銷散。崇高必墮落。合會終別離。有命咸歸死。（有部律）

△我之夫婦譬如飛鳥，暮棲高樹，同共止宿，須臾之間，及明早起，各自飛去，行求衣食。有緣則合，無緣則離，我之夫婦亦復如是，去住進止，非我之力，隨其本行，不能得留。（佛說五無反復經）

△沙彌年七歲出家得道，自識夙命而笑曰：「故我一身五母悲惱：爲第一母子時，鄰家亦生，然我短命，母見鄰子即悲惱也。爲第二母子時，天命早夭，母若見人乳兒即悲惱也。爲第三母子時，十歲即亡，母見我類兒食即悲惱也。爲第四母子時，少年先亡，母見同輩

娶婦即悲惱也。爲第五母子時，七歲出家，我母憶念即悲惱也。五母聚會各説其子，咸增哀苦。我念生死輪廻如此，當勤精進求道。」（五母子經）

△人生不足貴，天壽盡亦喪，地獄痛酸苦，唯有涅槃樂。（增壹阿含經）

△涅槃之體亦復如是，無有住處；直是諸佛斷煩惱處，故名涅槃。涅槃即是常、樂、我、淨；涅槃雖樂非是受樂，乃是上妙寂滅之樂。（大涅槃經）

△云何一名説無量名？猶如涅槃亦名涅槃，亦名無生，亦名無出，亦名無作，亦名無爲，亦名歸依，亦名窟宅，亦名解脫，亦名光明，亦名燈明，亦名彼岸，亦名無畏，亦名無退，亦名安處，亦名寂靜，亦名無相，亦名無二，亦名一行，亦名清涼，亦名無闇，亦名無

礙，亦名無諍，亦名無濁，亦名廣大，亦名甘露，亦名吉祥，是名一名作無量名。（大涅槃經）

△有四殊勝法，若有受持讀誦解了其義，用功雖少獲福甚多，即與讀誦八萬四千法藏功德無異！云何爲四？所謂念誦：諸行無常，一切皆苦，諸法無我，寂滅爲樂。（佛爲海龍王説法印經）

△一切行無常，生者皆有苦；五陰空無相，無有我我所。（賢愚經）

△生　識託浮泡起，生從愛慾來。昔時曾長大，今日復嬰孩。星眼隨人轉，朱唇向乳開。爲迷真法性，還卻受輪廻。

老　覽鏡容顏改，登階氣力衰。咄哉今已老，趨拜禮還虧。身似臨崖樹，心同念水龜。尚猶躭有漏，不肯學無爲。

病　忽染沈疴疾，因成臥病人。妻兒愁不語，朋友厭相親，楚痛抽千脈，呻吟徹四鄰。不知前路險，猶尚恣貪瞋。

死　精魄辭生路，游魂入死關。只聞千萬去，不見一人還。寶馬空嘶立，庭花永絕攀。早求無上道，應免四方山。（傅大士）

△六道凡夫三乘賢聖，根本悉是靈明清淨一法界心，性覺寶光，各各圓滿，本不名諸佛，亦不名衆生，但以此心靈妙自在，不守自性，故隨迷悟之緣，造業受報，遂名衆生，修道證真，遂名諸佛。（禪源諸詮集都序）

△『正報』：萬德圓融具足身，此身我體本同倫；何因異此生迷執，別認虛空一聚塵。（沙門思存）

△北邙行（北邙，洛陽山名）　前山後山高峨峨，喪車轔轔日日過，哀歌幽怨滿巖谷，聞者潸悲薤露歌。哀歌一聲千載別，孝子順孫徒泣血，世間何物得堅牢，大海須彌竟磨滅。人生還如露易晞，從來

有會終別離，苦樂哀慼不暫輟，況復百年驚電馳。去人悠悠不復至，今人不會古人意，栽松起石駐墓門，欲爲死者長年計。魂魄悠揚形化土，五趣茫茫井輪度，今人還葬古人墳，今墳古墳無定主。洛陽城裡千萬人，終爲北邙山下塵，沈迷不記歸時路，爲君孤坐長悲辛。昔日送人哭長道，今爲孤墳臥芳草，妖狐穿穴藏子孫，耕夫撥骨尋珠寶。老木蕭蕭生野風，東西壞塚連晴空，寒食已過誰享祀，塚畔餘華寂寞紅。日月相催若流失，貧富賢愚盡如此，安得同遊常樂鄉，縱經劫火無生死。（宋・佛慧禪師）

5 修道

△施者名得利。受者名失利。忍爲堅鉀冑。慧爲利刀杖。（天所問經）

△少欲最安樂。知足大富貴。持戒恆端嚴。破戒常醜陋。（天所問經）

△麤言利刀劍。貪欲磣毒藥。瞋恚熾盛火。無明極重暗。（天所問經）

△吾從世尊，聞如是語：苾芻當知！世間有情，一結斷時，餘一切結，皆亦隨斷！云何一結？是謂我慢。所以者何？諸所有情，細中麤品，一切皆依我慢爲根，從我慢生，我慢所長；是故我慢一結斷

時，餘一切結皆亦隨斷。譬如世間樓觀中心，普爲樓觀衆分依止，中心若墜，餘亦隨墮；如是我慢，諸結所依，我慢若斷，餘亦隨滅。若諸苾芻，已斷我慢，當知即是已斷餘結；若諸苾芻，已斷餘結，當知即是已盡苦邊，已修正智，心善解脫，慧善解脫，無復後有。（本事經）

△吾從世尊，聞如是語：苾芻當知！應於其身，住不淨觀；應於其息，住隨息念；應於諸行，住無常觀，苦、無我觀。若能於身住不淨觀，便於淨界，當斷貪欲；若能於息住隨息念，便能斷外尋思障品；若能於行住無常觀，苦、無我觀，便於諸有能斷有愛。斷有愛故，便於世間無所執受；無執受故，便無怖畏；無怖畏故，便自內證究竟涅槃；證涅槃已，便自了知，我生已盡，梵行已立，所作已辦，不受後有。（本事經）

△第一勝念，所謂念死。以常念死，則懷怖畏，以怖畏故，不造

惡業：設見美色，不念分別；聞諸樂音，亦不憶念；若聞諸香，不貪不樂，亦不憶念；若舌得味，不貪不樂，亦不憶念；若身得觸，不貪不樂，亦不憶念；意思惟法，不貪不樂，亦不憶念。斷離如是一切有網。如是之人怖畏死故，觀諸世間悉無堅固，一切無我，一切皆空；實見之人於一切處，若天若人，無有著心：何況地獄、餓鬼、畜生！於五道中悉斷希望，而得解脫。於一切生死苦中，不復欣樂，怖畏厭離；以厭離故，而得解脫，得解脫智，我生已盡，梵行已立，所作已辦，不受後有。（正法念處經）

△佛告諸苾芻言：「汝等諦聽！若諸聲聞，修習正行，欲得清淨心者，當斷五法，修習七法，而令圓滿。何等五法？一貪欲；二瞋恚；三昏沈睡眠；四掉悔；五疑。此五蓋障，應當除斷。何等七法？一擇法覺支；二念覺支；三精進覺支；四喜覺支；五輕安覺支；六定覺支；七捨覺支。如是七法，應當修習。

諸苾芻！所言清淨心者，當知即是心解脫增語；慧解脫增語。由貪染污，心不清淨；由無明染污，慧不清淨。若諸苾芻，斷除貪染，即得心解脫；斷除無明，即得慧解脫。又諸苾芻，離貪染污得心解脫者，是名身作證；斷除無明得慧解脫者，是名無學。永離貪愛，了知真實，正智現前，取證自果，盡苦邊際。諸苾芻！如是所說，汝等應學。」（佛說清淨心經）

△聖之清者——南宋・世奇首座（即德貫首座）依佛眼，眼命分座，師固辭曰：「此（禪）非細事，如金針刺眼，毫髮若差，睛則破矣！願生生居學地而自煆煉。眼以偈美云：

「有道只因頻退步，謙和元自慣回光；不知已在青雲上，猶更將身入衆藏。」

後隱景星巖三十年影不出山，龍學耿公爲郡守，特以瑞巖迎之。師辭以偈曰：

「三十年來獨掩關，使符那得到青山；休將瑣末人間事，換我一生林下閒！」

使命再至，終不就。

師云：「不體道本沒溺死生，觸境生心隨情動念，狼心狐意諂行誑人，附勢阿容徇名苟利，乖真逐妄背覺合塵，林下道人終不為也！」

暮年學者力請，不容辭，因說偈曰：

「諸法空故我心空，我心空故諸法同；諸法我心無別體，祗在而今一念中！」

「——且道是那一念？」衆罔措。師喝一喝而終（指月錄、禪林寶訓筆說）

按：世奇首座清節高風，與佛世薄拘羅尊者先後輝映。此為聖人風格之一種。孟子曰：「伯夷、聖之清者也；伊尹、聖之任者也；柳下惠、聖之和者也；孔子、聖之時者也。孔子之謂集大成。」又曰：「皆古聖人也，吾未能有行焉；乃所願，則學孔子也！」吾佛教出世聖人也有多種，若聲聞，若緣覺，若菩薩，唯佛最圓滿、最究竟！世奇首座嚴謹修持，值得吾人學習，但利他精神，仍應學佛菩薩。

6 聲聞・菩薩

△須陀洹人得證果已，雖生惡國，猶故持戒，不殺、盜、淫、兩舌、飲酒。（大涅槃經）

△爾時世尊告諸比丘：何等爲沙門果？謂須陀洹果，斯陀含果、阿那含果、阿羅漢果。

何者爲須陀洹果，謂三結（身見結，即我見；戒取結，即行邪戒；疑結，未見四諦懷疑正理）斷。

何等爲斯陀含果？謂三結斷，貪、恚、痴薄。

何等爲阿那含果？謂五下分結（繫縛欲界五煩惱，即貪、恚、身見、戒取、疑）盡。

何等爲阿羅漢果？謂貪、恚、痴永盡，一切煩惱永盡。（雜阿含經）

△有十一法阿羅漢所不習者！云何爲十一？漏盡阿羅漢終不捨法服習白衣行、漏盡阿羅漢終不習不淨行、漏盡阿羅漢終不殺生、漏盡阿羅漢終不盜、漏盡阿羅漢食終不留遺餘、漏盡阿羅漢終不妄語、漏盡阿羅漢終不羣類相佐、漏盡阿羅漢終不吐惡言、漏盡阿羅漢終不有狐疑、漏盡阿羅漢終不恐懼、漏盡阿羅漢終不受餘師又不更受胞胎。（增壹阿含經）

△如夏月天雷電雨，陰雲覆曀不清淨，
凡夫無智亦如是，種種煩惱常覆心。
如冬天日時一出，常爲昏氣雪陰曀，
雖得初果第二道，猶爲欲染之所蔽。
若如春天日欲出，時爲陰雲所覆曀，
雖離欲染第三果，餘殘痴慢猶覆心。
若如秋日無雲曀，亦如大海水清淨，
所作已辦無漏心，羅漢如是得清淨。（大智度論）

△梵志瞿默目揵連即問曰：「阿難！若如來無所著等正覺解脫，及慧解脫、阿羅訶解脫——此三解脫有何差別？有何勝如？」尊者阿難答曰：「目揵連！若如來無所著等正覺解脫，及慧解脫、阿羅訶解脫，此三解脫，無有差別，亦無勝如。」（中阿含瞿默目揵連經）

△婆羅門白佛言：「世尊！佛說解脫，云何有其種種相耶？」佛言：「婆羅門！聲聞、緣覺、如來解脫，無種種相！婆羅門！譬如有人乘三種獸欲詣寶所，雖所履道隨有差別，彼所向處而無有異！其三獸者爲驢、馬、象。彼驢乘者力勢羸劣，由此因緣，是人雖至寶所，不能以其珍寶廣施衆生，但樂自利取證涅槃。彼馬乘者輕利快捷，由彼力故，是人雖至寶所，亦復不能以其珍寶廣施衆生，但與衆生作淨福田。彼象乘者，行步平正，勇氣多力，由彼力故，是人得至，一切寶聚廣大城中，至彼城已，即作是念：三乘珍寶皆於此出，我當以此無量珍寶，普施無邊一切衆生，廣爲衆生作大利樂。婆羅門！三乘行

人修三乘法，亦復如是。彼驢乘者即聲聞乘；彼馬乘者即緣覺乘；彼象乘者即是大乘。汝今當知：彼三乘道雖種種相；所證涅槃，所得解脫，無種種相亦無差別。」（佛說發菩提心破諸魔經）

△問曰：「三乘所學皆爲無餘涅槃；若無餘涅槃中無差別者，我等何用於恆河沙等大劫往來生死，具足十地？不如以聲聞、辟支佛乘速滅諸苦？」答曰：「是語劣弱，非是大悲有益之言！若諸菩薩效汝小心無慈愍意，不能精勤修十地者，諸聲聞、辟支佛何由得度？亦復無有三乘差別。所以者何？一切聲聞、辟支佛皆由佛出；若無諸佛，何由得出？若不修十地，何有諸佛？若無諸佛，亦無法、僧。是故汝所說者，則斷三寶種，非是大人有智之言，不可聽察。」（十住毗婆沙論）

△菩薩生有五種，住一切行，安樂一切衆生：一者息苦生。二者隨類生。三者勝生。四者增上生。五者最後生。

——菩薩以願自在力，於飢饉世，受大魚等身，以肉救濟一切眾生；於疾病世，爲大醫王，救治眾病；於刀兵世，爲大力王，救息戰諍，以法化邪及諸惡行。如是無量生處皆悉往生，是名息苦生。

——菩薩以願力自在力故，於種種眾生天、龍、鬼、神、阿修羅等迭相惱亂、及諸外道起諸邪見惡不善行，悉生其中，爲其導首，引令入正，廣爲宣說。如是隨類受生乃至無量，是名隨類生。

——菩薩以性受生，勝於世間壽色等報，是名勝生。

——菩薩從淨心住，乃至最上菩薩住，於閻浮提自在受生，一切受生處於中奇特，是名增上生。

——最上菩薩住受生調伏業，菩提眾具增上滿足，生刹利、婆羅門家，得阿耨多羅三藐三菩提，作一切佛事，是名最後生。

過去、未來、現在一切菩薩，皆以此五種受生，無餘無上。菩薩因此五種受生，疾得阿耨多羅三藐三菩提。（菩薩地持經）

7 禪

△何謂三智？一曰真智。二曰內智。三曰外智。何謂外智？謂分別根門識了塵境，博覽古今該通俗事，此名外智。何謂內智？自覺無明割斷煩惱，心意寂靜滅無有餘，此名內智。何謂真智？體解無物本來寂靜，通達無涯淨穢無二，故名真智。（寶藏論）

△真心以靈知寂照為心，不空無住為體，實相為相。妄心以六塵緣影為心，無性為體，攀緣思慮為相。（宗鏡錄）

△僧問歸宗和尚：「如何是佛？」歸宗曰：「我向汝道，汝還信否？」僧曰：「和尚誠言焉敢不信！」宗曰：「即汝是。」僧曰：「如何保任？」宗曰：「一翳在眼，空華亂墜。」（傳燈錄）

△牛頭山忠和尚，學人問：「夫入道者如何用心？」答曰：「一切諸法本自不生，今則無滅；汝但任心自在，不須制止，直見直聞，直來直去，須行即行，須住即住，此即是真道。經云：緣起是道場，知如實故。」又問：「今欲修道，作何方便而得解脫？」答曰：「求佛之人不作方便，頓了心源明見佛性，即心是佛，非妄非真故。經云：正直捨方便，但說無上道。」（宗鏡錄）

按：右二即心是佛，直指心體，屬頓；後二無心是道，泯妄顯真，屬漸。

△謙（開善道謙）示衆有曰：「時光易過，且緊緊做工夫；別無工夫，但放下便是。只將心識上所有底一時放下，此是真正徑截工夫；若別有工夫，盡是痴狂外邊走。山僧尋常道：行住坐臥決定不是；見聞覺知決定不是；思量分別決定不是；語言問答決定不是。試絕卻此四個路頭看！若不絕決定不悟！此四個路頭若絕：僧問狗子還

有佛性也無？趙州云無；如何是佛？雲門道乾矢橛；管取呵呵大笑。」（指月錄）

△應元博訪玄門了無所得，一日謁悟師問：「如何是佛？」師曰：「無心是佛。」應元曰：「師兄假我十日，當即成佛；若不成佛非應元也！」師既歸，自恨根性遲鈍，靜居一室，有一念起，即自掐其臂肉，肉盡出血，雜念即隨日大減。至第十日，大雨閃電，一照豁然，念斷無心可得矣！遂見悟，悟喝曰：「無心不是佛！」應元言下大悟。人視其臂，無完膚矣。（圖書集成神異典釋教部）

△將六祖本來無一物話頭，橫在胸中，時時刻刻照管念起處，無論善惡即將話頭一拶，當下消亡，綿綿密密，將此本參話頭作本命元辰，久久純熟，自然心境虛閒，動靜云爲，凡有所遇，則話頭現前，即是照用分明不亂，定力所持，自不墮麤浮鹵莽界中，不隨他腳跟轉矣。即讀書做文字，亦不妨本參，讀了做了，放下就還他個本來無一

物，自然胸中平平貼貼；久久一旦忽見本無心體，如在光明藏中，通身毛孔，皆是利生事業，又何有身命可捨哉！如此用心操存涵養，心精現前，看書即與聖人心心相照，作文自性流出，此是真慷慨丈夫之能事；所謂樞得環中，以應無窮，即建功立業，皆成不朽。梁子既有其本，又何憚而不爲哉！（憨山大師示梁仲達）

△遺誡：夫先德順化，未有不留遺誡，至若世尊將般涅槃，亦遺教敕；吾雖無先聖人之德，既忝育衆一方，殆盡不可默而無示。吾自居靈樹，及徙當山，凡三十餘載，每以祖道寅夕激勵，汝等或有言句布在耳目，具眼者知，切須保任。吾今已衰邁，大數將絕，剎那遷易，頃息待盡；然淪溺生死，幾經如是，非獨于今矣！吾自住持以來，甚煩汝等輔贊之勞，但自知愧耳！吾滅後置吾於方丈中；上或賜塔額，祇懸於方丈，勿別營作。不得哭泣孝服廣備祭祀等，是吾切意；蓋出家者，本務超越，毋得同俗。其住持等事，皆仍舊貫；接諸來者無失常則；諸徒弟等仰從長行訓誨。凡係山門莊業什物等，並盡

充本院支用，勿互移屬他寺；教有明旨，東西廊物，尚不應以互用，汝當知矣！或能遵行吾誡，則可使佛法流通天神攝衞，不負四恩有益於世；或違此者，非吾眷屬！勉旃！勉旃！大期將迫，臨行略示遺誡。努力！努力！好住。還會麼？若不會，佛有明教，依而行之。

（雲門文偃大師）

8 淨

△警世偈　茫茫大海中，長夜誰能寤；反戀夢中歡，將醒還重做。做得不如前，一錯是百錯；做得勝如前，依然空懡㦬。造了夢中業，從苦又入苦；勸君早回頭，直走西方路。萬緣都放下，勤修淨業課；日夜望還鄉，一心求覺悟。豁然心地空，即是真淨土；彌陀忽現前，原來是這箇。（省庵法師語錄）

△南山念佛門禪（禪宗五祖弘忍——宣什）　正授時，先說法門道理，修行意趣，然後令一字念佛。初引聲由念，後漸漸没聲，微聲，乃至無聲；送佛至意，意念猶麤，又送至心念，念存想有佛恆在心中，乃至無想盍得道。（圓覺經大疏鈔）

△想起時，不須別作除滅，但舉阿彌陀佛四字盡力挨拶，便是攝

心工夫，忽然悟去，名曰得心。（蓮池大師）

△勸念阿彌陀佛（節錄）　捷徑法門惟有念佛，一代宗師箇箇念佛，古今名賢人人念佛，我今有緣得遇念佛。念佛念心念心念佛，口常念佛心常敬佛，眼常觀佛耳常聽佛，身常禮佛鼻常數佛，香花燈燭常供養佛，行住坐臥不離念佛，苦樂順逆不忘念佛，著衣喫飯無不是佛，在在處處悉皆有佛，動也是佛靜也是佛，忙也是佛閒也是佛，橫也是佛豎也是佛，好也是佛惡也是佛，生也是佛死也是佛，念念是佛心心是佛，無常到來正好念佛，撒手便行歸家見佛，一道圓光即性空佛，了此一念是名爲佛，常住不滅無量壽佛。（中峯明本禪師）

△初以耳識聞彼佛名，次以意識專注憶念；以專念故總攝六根，眼鼻舌身如是六識，皆悉不行。念念不已，念極而忘，所謂恆審思量者（七識），其思寂焉。忘之不已，忘極而化，所謂真妄和合者（八識），其妄消焉。當爾之時，巨浪微波，咸成止水，濃雲薄霧，盡作

澄空，唯是一心，更無餘法。（彌陀疏鈔）

△示惺初元禪人書經　老人昔住五臺曾刺血泥金，書寫華嚴大經，每於書寫之中，不拘字之點畫，大小長短，但下一筆，則念佛一聲，如是點點畫畫，心光流溢，念念不斷不忘，不錯不落，久之不在書與不書，乃至夢寐之中總成一片，由是一切境界動亂喧擾其心湛然，得一切境界自在無礙解脫門，乃至一切見聞無非真經現前。以此證之，則書經之行，妙在一心不亂，又豈若童蒙抹硃，便以書經求功德耶？禪人試以此行，如是書寫，如是受持，似有少分相應。若以描寫爲妙行，博高名爲求供養之資，則又不若尋常粥飯，爲無事僧也！勉之。（憨山大師）

△念佛三昧銘　念佛念心，念心念佛，佛不外心，心不是物，自性光明，心心照燭，妄想潛蹤，形骸空谷，淨土不離目前，蓮花常襯兩足，何必待身後方生，即現前不出不入，此正是普光三昧，只在當

人一蔟。（憨山大師）

△不非禪律與經師，念念西方與麼持，脫盡法中憎愛境，自然蓮出淨心池。（三峯禪師）

△念佛作福四料簡　作福不念佛，福盡還沉淪。念佛不作福，入道多苦辛。無福不念佛，地獄鬼畜羣。念佛兼作福，後證兩足尊。（蓮池大師）

△作福條目　孝順父母。忠報君王（忠愛國家）。裝塑佛像。印造經典。齋供僧伽。敬事師長。營修寺宇。流通善法。禁絕宰殺。買放生命。飯食飢民。衣濟寒凍。開掘義井。修理橋梁。平砌階道。普施茶湯。看療病人。給散藥餌。伸雪冤枉。出減刑罪。安養衰老。撫育孤孩。埋葬屍骨。給與棺木。饒免債負。義讓財產。還他遺失。救濟患苦。祈禳災難。薦拔亡魂。勸和爭訟。生全人命。（蓮池大師）

按：護持正法，印贈經書，接引知識份子信佛，鼓勵優秀青年出家，爲目前最迫切之事，功德也最大。

△執持一句阿彌陀佛，一念之中，與理相應，諸法現前，六度具足：布施則心無染著；持戒則不起妄緣；忍辱則能所俱忘；精進則心無間斷；禪定則動靜俱寂；智慧則不立絲毫。（蓮宗寶鑑）

9 法味(一)

△眼箴　勿視秋毫，恐損汝睛。勿觀五色，恐喪汝明。宜視道之邪正，宜觀事之虛盈。眼乎斯守，無背吾盟。(孤山智圓法師)

△口箴　口兮莫語，口兮莫默。語或有益，萬人是則。語或無益，自讒自賊。無益莫語，有益莫默：口兮無惑。(仝右)

△足箴　莫踐春冰，莫履權門。春冰易陷，權門易失。足爾慎乎，無喪我軀。(仝右)

△自箴　心語無外，汝聽吾誨：詐僞勿行，仁義勿背。苟爲詐僞，終其禍對。苟爲仁義，終與福會。汝無沽名，怪誕任情。汝無附勢，容媚罔制。己能勿矜，他賢勿蔽。讚汝無喜，毀汝無怒。過勿憚

改，惟道是務。亦莫愛死，亦莫貪生。樂善修心，時至則行。身乎身乎！吾與汝盟。（仝右）

△東方之國，佛號日月光，有菩薩梵天曰思益，白佛：「我欲詣娑婆世界。」佛言：「便往！汝應以十法遊於彼土：於毀於譽心無增減；聞善聞惡心無分別；於諸愚智等以悲心；於上中下衆生之類意常平等；於輕毀供養心無有二；於他闕失莫見其過；見種種乘皆是一乘；聞三惡道亦勿驚畏；於諸菩薩生如來想；佛出五濁生希有想。梵天！當以十法遊彼世界。」時有菩薩白佛：「我得大利，不生如是惡衆生中。」佛言：「勿作是語！所以者何？於此國土中百千劫修梵行，不如彼土從旦至食無瞋礙心。」（思益梵天所問經）

△中庸子自祭文（中庸子——孤山智圓法師別號）　維某年某月，謹以雲山風月爲奠，祭于中庸子之靈。惟靈！汝本法界之元常兮，寶圓之妙性兮，尚無動靜之朕兮，豈有去來之跡兮！洎乎七竅鑿

而混沌死兮，六根分而精明散兮，遂使汝見自心而與外境異兮，執生存與死滅兩兮；擾擾乎不可止也，昏昏乎不可照也！吾嘗欲使汝復混沌（混沌之語出於莊子，但用彼語不用彼意，言近理遠不可均也——原註）歸精明兮，乃於非幻法中假作幻說；且非幻尚無而幻法豈有哉！汝中庸子亦以微領其旨。汝既受乎幻生，必當受於幻死，故吾託幻軀有幻病口占幻辭，使幻弟子執幻筆成幻文，以預祭汝幻中庸子，且欲令無窮人知諸法如幻也！夫如是則如幻三昧在焉——嗚呼，三昧亦如幻也！尚饗。（二月十七日述，十九日寂滅）（閑居編）

△思益梵天問文殊師利：「得何法故名為得道？」文殊師利言：「若法不自生，不他生，亦不衆緣生，從本以來常無有生，得是法故，說名得道。」（思益梵天所問經）

△佛告文殊師利：「常住涅槃，無日、月、星宿、地、水、火、風，無晝、夜、數量，無色，無形，無老、病、死，無年歲，無所

作，是常是恆，離衆苦業——如是涅槃，善人所說。」（文殊師利問經）

△受諸因緣故，輪轉生死中，不受諸因緣，是名爲涅槃。

——不如實知顛倒故，因五受陰，往來生死；如實知顛倒故，則不復因五受陰往來生死。無性五陰不復相續故，說名涅槃。（中論）

△涅槃與世間，無有少分別。世間與涅槃，亦無少分別。

——以一切法不生不滅故，世間與涅槃，無有分別，涅槃與世間，亦無分別。（中論）

△涅槃之實際，及與世間際，

如是二際者，無毫釐差別。（中論）

△諸佛出世，不爲令衆生出生死入涅槃，但是度生死、涅槃二見。（思益梵天所問經）

△世間不牢固，如水沫泡燄，汝等咸應當，疾生厭離心。（無常偈）

△世間五欲樂，或復諸天樂，若比愛盡樂，千分不及一。（法樂偈）

△由集能生苦，因苦復生集，八聖道能超，至妙涅槃處。（四諦偈）

△諸佛出世第一快。聞法奉行安穩快。大衆和合寂滅快。衆生離

苦解脫快。（慶快偈）（右四供日常詠誦用）

10 法味(二)

△五眼　肉眼＝見內暗外。天眼＝內外俱明。慧眼＝照了諸相。法眼＝觀機設教。佛眼＝普觀法界。（大藏經綱目指要）

△天眼通非礙。肉眼礙非通。法眼唯觀俗。慧眼直緣空。佛眼如千日，照異體還同，圓明法界內，無處不鑒容。（傅大士註金剛經偈）

△阿那律見閻浮提，如觀掌中庵摩羅果；諸菩薩等見百千界；十方如來窮盡微塵清淨國土，無所不矚；衆生洞視不過方寸。（楞嚴經）

△盡十方世界是沙門眼，盡十方世界是沙門全身，盡十方世界是

自己光明，盡十方世界在自己光明裡，盡十方世界無一人不是自己。我常向汝諸人道：三世諸佛共盡法界衆生是摩訶般若光。光未發時汝等諸人向什麼處委？光未發時，尚無佛無衆生消息，何處得山河國土來？（長沙景岑禪師）

△僧問玄沙：「是什麼得恁麼難見？」師曰：「只爲太近！」（傳燈錄）

△玄沙師備禪師，師拈拄杖問僧：「喚作什麼？」諸人對者，並不契師意。師代云：「也只是自家底！」（玄沙師備禪師廣錄）

△因開井被沙塞卻泉眼，法眼問僧：「泉眼不通被沙塞，道眼不通被什麼物礙？」僧無對。師自代云：「被眼礙！」（傳燈錄）

△我若東道西道，汝則尋言逐之，我若羚羊掛角，汝向什麼處捫

摸！（雪峯義存禪師）

△偈示慧照：「父母未生前，一著本具足。猶如大日輪，昇於九天上。人人皆如此，個個無欠缺。你雖是女人，此性更無別。映眼不相瞞，色空及明暗。映耳不相瞞，鐘鈴及螺鼓。映鼻不相瞞，沈檀及華菓。映舌不相瞞，甘甜酸苦澀。映觸不相瞞，冷暖與疼痛。——如此覺法中，處處皆實義。於此實義中，內外無所寄。慧照汝參詳，參詳真慧照。三昧入手時，老僧助你喜。汝自勉力參，我無如是説。」（日本佛光國師語錄）

△示絕照上人：「上人名圓照，光明逾日月。日月有虧昃，此照無今古。日午見山河，夜半見黑暗。此照隨所至，無有不照者。一任死與生，此照不曾壞。一任迷與悟，此照無增損。奇哉此照體，諸佛同一體。上人日用中，逈然自高掛。不用更揩磨，不用更對照。體用光洞然，萬法皆無隱。汝能廓此照，諸佛皆影像。照破此照機，方是

絕照者。」（日本佛光國師語錄）

△杭州正傳院空谷景隆禪師，示修淨土語云：「優曇和尚令提念佛的是誰？汝今不必用此等法，只平常念去，但令身心閒淡，默念念不忘，靜鬧閒忙，一而無二；忽然觸境遇緣，打著轉身一句，始知寂光淨土不離此處，阿彌陀佛不越自心。」（角虎集）

△行住坐臥之中，一句彌陀莫斷；須信因深果深，直教不念自念。若能念念不空，管取念成一片；當念認得念人，彌陀與我同現。（古音琴禪師）

△終日毋忘一百八，彌陀念得口頭滑；念得心頭是口頭，自然生死和根拔。（天界孚中懷信禪師）

△自心念佛，念佛念心。心佛無二，念念不住。能念不立，所念

性空。性空寂滅，能所兩忘。是名即心，成自性佛。一念遺失，便墮魔業。（憨山大師）

△聽教參禪逐外尋，未嘗回首一沈吟，眼光欲落前程暗，始覺平生錯用心。（靈芝照律師）

△人間五欲事無涯，利鎖名韁割不開，若把利名心念佛，何須辛苦待當來。（中峯本禪師）

11 勸修

△明眼無過慧。黑闇不過痴。
病不越怨家。大怖無過死。（無常經）

△菩薩作是念：若人不修福德，則畏於死；自恐後世墮惡道故。我多集諸福德，死便生於勝處。是故不應畏死。如說：
待死如愛客，去如至大會；
多集福德故，捨命時無畏。

△復作是念：死名隨所受身，末後心滅為死。若心滅為死者，心念念滅皆應有畏，非但畏末後心滅，亦應當畏前心盡滅；何以故？前後心滅無有差別故。若謂畏墮惡道故畏末後心滅者，福德之人不應畏墮惡道——如先說。我當受念念滅故，於末後心滅，不應有死畏。

△復作是念：我於無始世界，往來生死，受無量無邊阿僧祇死法，無有處所能免死者。佛說生死無始，若人於一劫中死已，積骨高於雪山；如是諸死不爲自利，不爲利他，我今發無上道願，爲欲自利亦爲利他故，勤心行道有大利故，云何驚畏？如是菩薩即捨死畏。

△復次作是念：今此死法必當應受，無有免者。何以故？劫初諸大王：頂生、喜見、照明王等，有三十二大人相莊嚴其身，七寶導從天人敬愛，王四天下常行十善道，是諸大王皆歸於死。復有蛇提羅諸小轉輪王，自以威力王閻浮提，身色端正猶如天人，於色、聲、香、味、觸自恣無乏，所向皆伏，無有退卻，善通射術，是諸王等霸王天下，人民眷屬，皆不免死。又諸仙聖迦葉憍瞿摩等，行諸苦行，得五神通，造作經書，皆不免死。又諸佛、辟支佛、阿羅漢，心得自在離垢得道，皆爲死法之所磨滅。一切衆生無能過者。我發無上道心，不應畏死。又爲破死畏故，發心精進自除死畏亦除於他，是故發心行

道，云何於死而生驚畏？菩薩如是思惟無常，即除死畏。

△復次菩薩常修習空法故，不應畏死。（偈略）（右五錄自十住毗婆沙論卷二）

△有我則無死，有死則無我；我安懼死哉！（弘法大師）

△清清淨淨一靈光，剎剎塵塵不覆藏，
萬萬千千都失覺，多多少少弗思量，
明明白白無生死，去去來來不斷常，
是是非非如昨夢，真真實實快承當。
——慧經禪師示建陽傅居士——

△圭都寺秉炬（秉炬，荼毗說法）「顧我老且瞶，咨汝為肘臂，共扶破沙盆，建黃檗宗旨；是事未究竟，燬變卒然至；我方嘆一

夢，汝已行千里，挽既挽不住，呼亦呼不起——將謂之何處？」舉起火炬云：「元來在這裡！」打圓相云：「見麼？鼻直眼橫，活卓卓地！高乘露地白牛車，火宅門前恣遊戲。」（環溪惟一禪師）

△與蘇東坡書　子瞻中大科，登金門，上玉堂，遠放寂寞之濱；權臣忌子瞻爲宰相耳！人生一世間，如白駒之過隙，三二十年功名富貴，轉盼成空，何不一筆勾斷，尋取自家本來面目！子瞻胸中有萬卷書，下筆無一點塵，到這地位，不知性命所在，一生聰明，要做甚麼？三世佛只是一個有血性的漢子！子瞻若能一腳承當，把三二十年功名富貴，賤如泥土，努力向前，珍重珍重也！（佛印了元禪師）

△自從無始劫，生死數恆沙；積骨富羅山，積血如大海。譬如路傍樹，暫息非久停；車馬及妻兒，不久皆如是。亦如羣宿鳥，夜聚旦隨飛；死去別親知，乖離亦如是。唯有佛菩薩，是真歸仗處；依經我略說，智者善應思。（圓覺經修證儀）

△諸樂速遷滅，莫行於放逸；
勿於臨終時，而生於悔心。（正法念處經）

12 問道

△唐太宗　貞觀二十二年六月，帝幸坊州玉華宮，召奘至，帝曰：「比日所譯何經？」奘曰：「近譯瑜珈師地論。」帝覽之，謂侍臣曰：「佛教廣大，猶瞻天瞰海，莫極高深，九流典籍如汀瀠方溟渤耳！世言三教齊致者，此妄談也！」（佛法金湯編引舊唐史）

△唐憲宗　帝問國師澄觀曰：「華嚴所詮何謂法界？」奏曰：「法界者，一切衆生之身心本體也！從本以來靈明廓徹，廣大虛寂，唯一真境而已；無有形貌，而森羅大千，無有邊際，而含容萬有；昭昭於心目之間，而相不可睹，晃晃於色塵之內，而理不可分。非徹法之慧目，離念之明智，不能見自心如此之靈通也！故世尊初成正覺，歎曰：『奇哉！我今普見一切衆生具有如來智慧德相，但以妄想執著而不能證得。』於是稱法界性，說華嚴經，全以真空簡情，事理融

攝，周遍凝寂。」帝天縱聖明，一聽玄談，廓然自得。於是敕有司備禮鑄印，遷國師統冠天下緇徒，號僧統清涼國師。（佛祖歷代通載）

△閩王王審知　字信通，光州人，（五代）梁封閩王。王嘗延雪峯義存、玄沙師備二禪師入府，求示心法，雪峯曰：「大王志心聽取！幻化空身是大王法身，知見覺了是大王自性，觀心無心，從妄想起，我心自空，即悟實相，已知本性，則一時放下，不得別生絲毫許也！」王禮二師曰：「吉生慶幸，得逢指示。」王問玄沙曰：「此一真心本無生滅，今此一身從何而有？」玄沙曰：「此本源真性遍周法界，爲妄想故，而一點識性，從父母妄緣而生，受千般苦，身有輪迴。大王既知覺了，不落惡趣。但請大王頻省妄想，歸真合道。」王作禮喜受。（先覺宗乘）

△唐相國崔羣　相國崔羣，字敦詩，貝州武城人。被讒出爲湖南觀察使。至任，即訪東寺如會禪師，問曰：「師以何得？」東寺曰：

「見性得。」東寺方病眼，公曰：「既云見性，其奈眼何？」東寺曰：「見性非眼，病眼何害！」公稽首謝之。（先覺宗乘）

△宋內翰蘇軾　抵荊南，聞玉泉皓禪師機鋒不可觸，公擬抑之，即微服求見，玉泉問：「尊官高姓？」公曰：「姓秤，乃秤天下長老底秤。」玉泉喝曰：「且道這一喝重多少？」公無對。於是尊禮之（先覺宗乘）

△韋監軍　玄沙與韋監軍喫果子，韋問：「如何是日用而不知？」師拈起果子，曰：「喫。」韋喫果子了，再問之。師曰：「只這是日用而不知！」（傳燈錄）

△宋太史黃庭堅　太史山谷居士黃庭堅，字魯直，以般若夙習，雖膴仕澹如也！出入宗門，未有所向，好作豔詞，嘗謁圓通秀禪師，秀呵曰：「大丈夫翰墨之妙，甘施於此乎？」秀方戒李伯時畫馬事

（李伯時畫馬入神，師勸曰：「當想入馬腹中矣！」李有省。因令改畫觀音。李從之。）公誚之曰：「無乃復置我馬腹中耶？」秀曰：「汝以豔語動天下人淫心，不止馬腹中，正恐生泥犁耳！」公悚然悔謝。由是絕筆，惟孳孳於道。著發願文，痛戒酒色，但朝粥午飯而已。（先覺宗乘）

△洪州廉使　洪州廉使，逸其名，問馬祖曰：「喫酒肉即是，不喫即是？」馬祖曰：「若喫是中丞祿，不喫是中丞福。」廉使有省。（先覺宗乘）

△後趙石虎　虎問澄（佛圖澄）：「佛法不殺；朕為天下主，非殺無以肅清海內，況違戒殺生，詎獲福耶？」澄曰：「帝王事佛，常在體恭心順，以顯三寶，不為暴虐，不害無辜。至於凶愚無賴，非化所遷，有罪不得不殺，不得不刑；但當殺可殺、刑可刑耳！若暴虐殺害非罪，雖復傾財事法，無解殃禍。願陛下興慈，廣及一切，則佛教

永隆，福祚方遠。」虎雖不能盡從，而爲益不少。（釋氏資鑑）

△南宋高宗　帝詔克勤禪師至闕下，上曰：「朕亦知師禪道高妙，可得聞乎？」勤云：「陛下以仁孝理天下，率土生靈，咸被光澤，雖草木昆蟲，各得其所；此佛祖所傳之心也！此心之外，無別有心；若別有心；非佛祖之心矣！」上大喜，曰：可賜圓悟禪師號。（宋編年）

△南宋朱熹　熹云：「釋氏之學，與吾儒有甚相似處，如『有物先天地，無形本寂寥，能爲萬象主，不逐四時凋。』又曰：『撲落非他物，縱橫不是塵，山河並大地，全露法王身』又曰：「若人識得心，大地無寸土。』看他是甚麼見識！今區區小儒怎生出得他手，宜爲他揮下也！」（佛法金湯編引朱子語錄）

按：朱子引此三段語云與吾儒相似，不無掠美之嫌。

13 護教

△宋太宗　諭羣臣：「浮屠氏之教有裨政治，達者自悟淵源，愚者妄生誣謗。」（大中祥符法寶錄）

△元世祖護（忽）必烈　壬寅迎海雲印簡禪師至帳下，問佛法大意。簡初示人天因果，次以種種法要，開其心地。王生信心，求受菩提心戒。復問：「佛法中有安天下之法否？」曰：「包含法界，子育四生，其事大備！於佛法境中，此四大洲，如大地中一微塵許，況一四海乎！若論社稷，在生民之休戚；休戚安危，在乎政；政不離心。我釋迦氏，安天下之法，在王法正論品，理固昭然。非難非易，惟恐王不能盡行也！」王大悅。奉以師禮。臨別王問：「佛法此去，如何受持？」曰：「信心難生今日生，善心難發今已發，務要護持，專一不忘，元受菩提心戒，不見三寶有過，恆念百姓不安，善撫綏、明賞

罰，執政無私，任賢納諫，一切時中常行方便，皆佛法也！」（佛祖綱目）

又：至元間，元世祖嘗召見徑山虎巖淨伏禪師，禪師有偈進上，略曰：「過去諸如來，安住秘密藏。現在十方佛，成道轉法輪。未來諸世尊，一切衆生是。由妄想執著，結煩惱蓋纏。迷成六道身，枉受三塗苦。惟念過現佛，不敬未來尊。與佛結寃讎，或烹宰殺害。不了衆生相，全是法性身。昔有常不輕，禮拜于一切。言我不輕汝，汝等當作佛。若能念自他，同是未來佛。現世增福壽，生生生佛國。」上覽畢大悅，問：「從上帝王有戒殺者否？」師曰：「昔宋仁宗一日語羣臣曰：『朕夜來飢甚，思欲燒羊，因慮後來遂爲常例，寧耐一時之飢，不忍啓無窮之殺。』羣臣皆呼萬歲。」上嘉納，即受帝師戒。（續指月錄）

按：元世祖奉佛虔誠，且對佛法奧義能夠通達，據辯僞錄、佛法金湯編載「上諭曰：譬如五指，皆從掌出，佛門如掌，餘皆如指。」「帝詔十高僧於內殿供養，帝端坐不動，諸大德亦復默然，帝乃曰：此是真實功德。」又記：「帝萬機之暇，自奉施食，持數珠課誦。」「帝自有天下，寺院田產二稅盡行蠲免，普令緇素安心辦道，世祖實錄百餘篇，字字句句以弘教爲己任。」佛法能勝殘去殺，且不影響國家富强，觀元朝聲威遠震，及忽必烈輩由奉佛故，存活漢人無數，可以得到證明。

△清世宗　清世宗雍正十一年二月十五日諭：（上略）三教雖各具治心、治身、治世之道，然各有所長。其各有所長、各有不及處，亦顯而易見，實缺一不可者！夫習釋、道之學，雖有偏、有正，而習儒者之學，亦有真、有僞；即如釋中以狂空欺世，道中以邪術愚人，是固釋、道之罪人也，亦如儒中博覽詩書、高談仁義，而躬蹈亂臣、賊子行之者，謂非名教之罪人乎？若掩人之長，而斥其短，隱己之短，而誇其長，互相肆口詆排者，皆私詐小人形態，非仁人君子懷德抱道之所爲——亦徒見其不自量耳！數年來，有請嚴禁私自剃度者，有請將寺觀改爲書院者，有縣令無故毀廟逐僧者，甚至有請僧尼悉行配

合夫婦可廣增人丁者——悖理妄言，惑亂國是！不思鰥、寡、孤、獨，爲國家之所矜恤，彼既立願出家，其意亦爲國家蒼生修福田耳，乃無故强令配合以拂其性，豈仁君治天下者之所忍爲乎？因皆下愚小輩，朕亦未窮治其妄誕之罪。至於（僧尼）品類不齊，其中違理犯科者，朝廷原有懲創之條，而其清修苦行精戒明宗者，則爲之護持，其邪說外道則嚴加懲治……凡有地方責任之文武大臣官員，當承事朕旨，加意護持出家修行人，以成大公好善之治。特諭。（報恩論卷首）

△唐太宗　貞觀九年詔：天下諸州有寺之處，各度僧尼，務取德行精明者。其有溺於流俗：或假託鬼神，妄傳妖怪；或謬稱醫巫，左道求利；或灼鑽膚體，駭俗驚愚；或造詣官曹，囑致贓賄。凡此等類，大虧聖教，朕情在護持，必無寬貸。宜令所司，依附內律，參以金科，明爲條例。（釋氏稽古略引唐書舊史）

按：右二款似可供政府執掌宗教事務的人參考

14 闢妄

△歐陽修　歐陽歸田錄：「太祖入寺，問贊寧通慧：佛當拜否？答曰：見（現）在佛，不拜過去佛。」今詳贊寧，隨吳越王歸京師，在太宗朝，未嘗及見太祖——歸田所載妄也。歐陽慢佛，不欲人主致敬，故特創此說，見在過去無義之談，所以上誣君王，下誣寧師也。甚矣。（佛祖統紀）

按：歐陽無遠見，謂佛法爲中國患，心存偏見，百般排斥，其修新唐書，將見於舊唐史，有關佛教事蹟者，二千餘條，盡行刪除，狹隘偏私，大失史學家風度；雖晚年思想稍成熟，敬服明教、圓通見解，讀華嚴、自稱居士，然業已成，無可挽回，其言論影響後世，助長闢佛氣焰！故士君子貴乎品德，文章其次；而著書立說，尤須當慎，如歐陽氏者，可爲殷鑒。

△朱熹（晦菴） 空谷禪師云：「韓子未知佛法以前，所以排佛，及見大顛禪師之後，深敬佛法。晦菴潛心佛學，可謂博矣；其排佛者心病也！苟不排佛，爾後學者，多看佛書；凡看佛書，則見其心病矣！晦菴密設牆塹，關住後學，令後學欲歸於己者，是以排佛也；要顯自己之功，圖掩他人之德——是何心乎？」（歸元直指）

△宋徽宗 帝先奉佛；宣和元年，惑於林靈素之說，詔改佛為大覺金仙，僧為德士，寺為宮觀。左街大師永道上書曰：「自古佛法未嘗不與國運同為盛衰！魏太武、崔浩滅佛法，未三四年，浩竟赤族；文成大興之。周武、衛元嵩滅佛法，不五六年，元嵩貶死；隋文帝大興之。唐武宗、趙歸真、李德裕滅佛法，不一年，歸真誅、德裕竄死；宣宗大興之。我國家太祖、太宗列聖相承，譯經、試僧，大興佛法，成憲具在，雖萬世可守也！陛下何忍一旦用姦人之言，為驚世之舉？陛下不思太武見弒於閹人之手乎？周武為鐵獄之囚乎？唐武受奪壽去位之報乎？——此皆前鑒可觀者，陛下何為蹈惡君之禍，而違祖

宗之法乎！」書奏，上大怒，敕流道州。二年九月，詔大復天下僧尼。道州永道量移近郡。（佛祖統紀）

按：宋徽宗排佛自食惡果，雖末後迷途知返，而爲時晚矣！民心背離，朝政紊亂；帝與欽宗，竟爲金人所擄；身死異國，斷送半壁河山。

△聖旨焚燒道藏僞經　（元）至元十八年十月二十日，聖旨就大都憫忠寺焚燒道藏僞經，除道德經外盡行燒燬，命報恩林泉從倫禪師下火。師陞座云：「憶昔當年明帝時，曾憑烈焰辨姸媸，大元天子續洪範，顯正摧邪誰不知。嗟彼道教，陰蠹佛書，自古至今造訛捏僞，益竊釋經言句，圖謀貝葉題名。謗毀如來，臟誣先聖，無蒂狂談，實難遍舉。始自張陵杜撰，不尊老氏玄言，謬作醮書，兼集靈寶，詐道從空而得，妄言太上親傳；用三張鬼法以誑惑愚夫，設五運神符而魘奸匹婦。葛孝先徒搜要妙；陶洪景謾述浮辭；杜光庭白拈巧偷，劫賊無異；陸修靜外好裡惡，說客何殊；寇謙之口舌瀾翻，損他利己；林

靈素機謀諂詐，敗國亡家。嗚呼，悲法琳不遇而遭貶，嗟道世雖再而難爲！致令釋子傷心。幸得皇天開眼。恭惟我大元皇帝陛下，闢邪歸正，去僞存真，恐衆生永墮迷津，令萬姓咸登覺路——」遂以火炬打一圓相，曰：「諸仁者，只如三洞靈文，還能證此火光三昧也無？若也於斯會得，家有北斗經，枉教人口不安寧！其或未然，從此灰飛煙滅後，任伊到處覓天尊——急著眼看！」（繼燈錄）

△聖旨焚毀諸路僞道藏經之碑（節錄）　元．翰林院王磐等奉敕撰：夫釋氏之教，宏闊勝大，非他教所擬倫；歷百千世，聖帝明主，莫不尊崇。東冒扶桑，西極昧谷，冰天桂海，山河大地，昆蟲草木，胎卵溼化，有情無情，百千萬類，皆依佛蔭，生息動止於天地之間。故天上天下，惟佛爲尊，超出乎有生之表，歸極乎無礙之真，智周三界，神妙諸方，澤及大千，功用不宰：其大有如此者！慈航所至，無溺不援，法雨所霑，有生皆潤；憫世人之沈淪幻海，顛覆迷津，輒轉多生，流連累劫，將使之脫凡企聖，蠲弊崇真，故神光破沈晦之門，

大覺指無生之路；其仁有如此！何意狂謀，輒形妒忌？雖積毀銷骨，衆照漂山；泫體圓成，初無小玷。譬如盲人之毀日月，何傷日月之明？井蛙之小河海，奚損河海之大？——多見其不知量也！（佛祖歷代通載）

15 警勉㈠

△大寶積經云：出家人有二種縛，一者見縛，二者利養縛。又有二種障法：一者親近白衣，二者憎惡善人。又有二種癰瘡：一者求見他過，二者自覆其罪。又有二種不淨心：一者讀誦外道經書，二者多畜好衣缽。（法苑珠林）

△比丘熹鬥諍，共相罵詈，彼此諍言，口如刀劍，互求長短，是爲疾滅正法。（薩婆多毗尼毗婆沙）

△吾從世尊聞如是語：苾芻當知！世有一法，於生起時，與多衆生，爲不利益，爲不安樂；引諸世間天人大衆，作無義利，感大苦果。云何一法？是謂破僧。所以者何。苾芻當知：僧若破壞，一切大衆，互興諍論，遞相訶責，遞相陵蔑，遞相罵辱，遞相毀呰，遞相怨

嫌，遞相惱觸，遞相反戾，遞相誹謗，遞相棄捨。當於爾時，一切世間，未敬信者，轉不敬信，已敬信者，還不敬信。苾芻當知！如是名爲世有一法，於生起時，與多衆生，爲不利益，爲不安樂；引諸世間天人大衆，作無義利，感大苦果。（本事經）

△吾從世尊聞如是語：苾芻當知！世有一法，於生起時，與多衆生，爲大利益，爲大安樂；引諸世間天人大衆，作大義利，感大樂果。云何一法？是謂僧和。所以者何？苾芻當知：僧若和合，一切大衆，互無諍論，不相訶責，不相陵蔑，不相罵辱，不相毀呰，不相怨嫌，不相觸惱，不相反戾，不相誹謗，不相棄捨。當於爾時，一切世間，未敬信者，便生敬信，已敬信者，轉增敬信。苾芻當知！如是名爲世有一法，於生起時，與多衆生，爲大利益，爲大安樂；引諸世間天人大衆，作大義利，感大樂果。（本事經）

△吾從世尊聞如是語：苾芻當知！世間略有三種尋思，有學苾芻

未得心者，欣求無上安樂之法時，能令退失！云何爲三？一者親里相應尋思；二者利養相應尋思；三者妒勝相應尋思。如是略說三種尋思，有學苾芻未得心者，欣求無上安樂法時，能令退失。是故汝等應如是學：我當云何不起親里相應尋思；不起利養相應尋思；不起妒勝相應尋思。汝等苾芻應如是學。（本事經）

△愚遊諸山野，及至都城，而遍閱祝髮披緇者，多於竹葦，除中上者，其餘下愚之輩，所行之業，良可恥之！

——或有比丘，世俗文書，尚不能知，況云解佛經義乎？無宿福故，今則乏短，資生艱難，慮其養身口之費，假憑佛事，雙雙伍伍，繞村隨戶，區區乞丐，但懷多取，豈念福他？既聚集已，互用無度，謂營勝事——成餓鬼業。

——或有比丘，粗記文字，但得一經二經，隨文讀誦，昧其義趣，又不聞見釋尊一代起盡之事，自謂法師，不淨說法，誑惑衆人，濫受信施，無有慚愧——成旁生業。

——或有假名禪和子：袈裟、衲衣、藜杖、瓢缽，外似忘機，內無實德，未遂禪功，但執古人公案，非訶大乘經典——成阿鼻業。

——或有依禪附教出家學道者，纔預門庭，未窮禪教深奧之旨，各生妄執，更相破毀——成諍論地獄業。

——或有比丘，違佛禁法，經紀息利，多有財產；或負王公大臣之勢，自恃富强，欺他貧弱，貪性嗜酒；或讚詠外書，朋伴俗人，更相唱和；或樂雜戲、圍棋、博奕、琴瑟、簫笛、諸不善法；如是恣情，無惡不造——成三途業。

嗚呼！是等豈曰不知善惡果報？利養心强，故任爲之！外書亦曰：刑故無少，故不懼之。是以處山野而未免農樵之誚，遊城隍而多爲卿士之譏。由是之故，令法危之不可忍睨也。夫法不自弘，弘之在人，人若不能，法寧久住！昔者魏帝破滅大法者，蓋以其時沙門違佛戒律，多行放逸故也！此則自招其殃，然後王乃加之耳；可不鑑焉！觀今之勢，幾乎彼世——危哉危哉！山僧雖不敏也，將恐將懼，發此狂言，請諸仁者，勿謂狂人之語，不足爲信，睹彼明鑑，各秉其志，護持法船度生死海，度己度他，展轉相承，令法不墮，則其利博哉！

（元、無寄：釋迦如來行蹟頌）

16 警勉(二)

△三分光陰二分過，靈臺一點不揩磨，貪生逐日區區去，喚不回頭爭奈何。（雪竇顯：祖英集）

△圓通帝師自勸　嗟乎我輩！逐利貪名，重身輕法，道力若蘋萍逐水，世情如漆墨和膠，縱慮昏昏焉論晝夜，追陪人事不計時年，濫稱道人無慚無愧。（華嚴經懺儀）

△夫資生利潤非釋子之所談，國器兵戈豈道人之所論。人間名利如夢幻不足稱揚，世路是非似電影何須分別。門徒弟子類衆鳥宿於高枝，眷屬親姻若逆旅逢於陌路。三衣併為一衲宗門意在省緣，補破遮寒貴免干於檀越。隨緣飲啄任性浮沈，擬欲多求恐妨於道。略伸短見以示初機，儻或可規希從踐焉。（古德垂訓）

△與學人　學道人斷不可大言不慚，輕議一切。每見學地中，輕短上人佛法，及至自己臨座，語多紕繆；平日議論上人世諦，及至自己下流尤甚；平日憎惡常住淡薄，及至自住把茆並粥飯亦不欲人喫。所謂：「鮑老當筵笑郭郎，笑他舞袖大郎當；若教鮑老當筵舞，轉更郎當舞袖長。」靜言思之，豈不慚惶欲死耶！此皆學人薄福通病，不可養也！試做到十分田地，然後批評一切未遲；然做到十分無玷者，斷不輕議一切也！（靈耀全彰：隨緣集）

按：此段開示可以稍戢目前的鬥諍風氣；凡居士喜見僧過，初學喜攻訐長老，均宜於此深思。

△示在家菩薩　佛告文殊師利菩薩：「菩薩應念：我當何時出家住僧坊中。我當何時自恣和合。我當何時修行戒、定、慧、解脫、解脫知見。我當何時著衣如大牟尼尊。我當何時得仙師相好。我當何時住空閒處得處便住。我當何時乞食於好惡少多不生增減，或得或不得

或寒或熱次第行乞，爲治飢瘡如油膏車，爲持壽命以少自活。我當何時離世八法（稱、譏、苦、樂、讚、毀、譽、謗），不爲八法之所動轉。何時厭離國城愛樂林藪，於十二入（六根、六塵）不著不樂。我當何時能守護六根令得禪定。我當何時調伏六根如制僕使。我當何時坐禪精進讀誦經書，常樂斷諸結使具修諸行。我當何時知足。我當何時不樂先戲樂事。我當何時爲自他勤行精進。我當何時行諸菩薩所行之道。我當何時爲世間第一貴。我當何時解脫愛奴。我當何時解脫居家。文殊師利！此謂菩薩心之所念。」（文殊師利問經）

△捧心論　馮兗，北齊冀州人。聞惠光法師開講，傾聽久之，疑滯頓釋，頓足稽首，願畢命歸依，遂爲弟子，究心法要。常自檢責，有叩擊者，應病予藥，多至感泣。其言曰：「諸行者！不得信此無明昏心，覓長覓短。須識詐賊，覓他過惡，不求其長，則吾我漸歇。常須看心，自己多過，雖在世間，無有滋味。此心將我，上至非想，還下地獄。常誘誑我，如怨家，如愛奴，豈可長養賊心，使覓名利，造

疽蠹也。故經云：『常爲心師，不師於心。』八歲能誦，百歲不行，不救急也。」時有傳寫其言者。世號捧心論焉。（續高僧傳）

△警衆語（勉比丘尼）　華嚴以人中師子比佛，五十三善知識獨一比丘尼以師子爲號；可知威神卓越，成就佛心，不以比丘尼而遂弱也！我等墮在僧數，毀形割愛，違親去里，爲何事乎？實因生死事大無常迅速，一句了然，斷盡輪迴惡境而已！若爲名利榮耀，稱心快樂出家，非出家之本志矣！今之出家人，一經剃落，便自高狂，不了自心，受人禮敬；如斯行止，難報四恩，徒入空門，將何憑恃？況人身難得，佛法難聞；已得已聞，又復錯過——袈裟下不明此事苦無極矣！且今日大比丘僧還有諸方叢林禪堂規策、堂頭長老開示熏聞，雖自迷昧，漸得明通，我輩比丘尼都無此也，終日喧喧，逐色隨聲，向外馳求，未嘗返省；爲師不教，爲徒不學，光陰可惜，剎那一生，荏苒人間而無所益。夫女人出家，當棄女人之習，發勝妙之種，尊重高僧，猛入佛法，心懺悔，念清涼，深發大悲心，全行解脫事，方得十

方矜式，四衆環輿。伏望諸賢及早立志，己事未明，他事莫理，專心一處，不了不休。然此一事，人人本具，個個現成；所以心源未暢，逐境飄馳，實因終日在妄想影子裡作活計，不得真實受用地。無論念佛參禪，總要將我等歷劫以來愛習愛種，次第拔出，一時破盡，方有下手處。終日一行，習氣若發，自家斷之，還歸一行；一行功深，於靜細中，照見種子，還以一行除之；一行有力，愛種自枯，即永絕衆生心累也⋯⋯尼不自弱，則法界本無遠近也！何不痛念出家時一場甘苦，猛就大法，學師子頻伸，脫盡諸女人境界乎！清規束身，神明自遠，勿甘碌碌——是我真眷屬矣！（清、比丘尼海量：影響集）

17 警勉(三)

△觀(澄觀清涼國師)恆發十願:一長止方丈,但三衣鉢,不畜長。二當代名利,棄之如遺。三目不視女人。四身影不落俗家。五未捨執受,長誦法華經。六長讀大乘經典,普濟含識。七長講華嚴大經。八一生晝夜不臥。九不邀名、惑衆、伐善。十不退大慈悲,普救法界。(宋、贊寧著高僧傳)

△靈裕法師寺誥云:僧寺不得畜女淨人,壞僧梵行;設使現在不犯,令未離欲者還著女色。經自明證:隔壁聞聲,心染淨戒。何況終身奉給,必成犯重。(四分律行事鈔)

△當於爾時,初爲法緣,而相親附;互相見已,欲火燒心,動於脣,表其欲念。彼相近時,初爲弟子,以阿闍梨法,而申禮敬;自此

之後，當漸遣使，通致語言，道路期會。或於街衢，或在寺內，遙相瞻禮；於出入時，問其所由，互稱親族，結爲姊妹。彼等由是，數相見故，而相習住；既習住已，生於染心；生染心已，共爲穢事；爲穢事已，更以非梵行名，而相呼召。由行非法，退失菩提，及以善趣，遠離涅槃，棄捨如來，違背正法，厭惡於僧，在於屏處，起欲恚害，諸惡尋思。是人無有菩薩勝業，四淨梵行。（大寶積經三律儀會）

△師（馬祖）得法南嶽，後歸蜀，鄉人喧迎之。溪邊婆子云：將謂有何奇特，元是馬簸箕家小子！師遂曰：「勸君莫還鄉，還鄉道不成；溪邊老婆子，喚我舊時名。」再返江西。（五宗正贊）

△世稱焰口，即相應之法。所言相應者，乃三密嚴持之謂也——口密誦咒，手密結印，心密觀想。是以古師授受，必擇行解相應，堪紹灌頂者，方爲傳授；如緣起文中所說。今所言行解相應者誰？只如觀想者，必須坐禪集靜，靜功若就，則於一念靜心流出，所謂變大地

作黃金，攪長河爲酥酪，非偶然也！近來新學晚輩，曾不坐禪，又不習觀，但學腔科，濫登此位——非唯生不可利，仍恐損己福祉耳！不可不知。（慨古錄）

△明・壽昌無明慧經禪師：師不扳外援，不發化主，從未隻字，干及檀信，檀信自歸。有引修懺佛事於山中，師重呫之，曰：「汝邀一時之利，開晚近流弊之端，使禪坊流爲應院——豈爲巨罪之魁也！」以故師之名號所及，古風習習，其規繩不整而自肅！（語錄）

△有十法不應授人大戒：不能教弟子增戒、增心（定）、增慧學、增威儀、增淨行、增波羅提木叉學，不能教捨惡見令住善見，弟子不樂住處不能移至樂處，若有疑悔生不能如法如毗尼開解決斷，若不滿十臘。是爲十。有十法應授人大戒，反上句是。（四分律）

△應知有三種人定墮泥犁獄！云何爲三？若人自行破戒，勸他破

戒，此謂初人定墮泥犁獄。若人自行不淨行，於清淨苾芻以無根波羅市迦法而謗毀之，此是第二人定墮泥犁獄。若人作如是見：言欲是淨，言欲是妙，欲可受用，欲無過失；於惡欲境極生愛著，此是第三人定墮泥犁獄。（有部律）

△汝諸苾芻當知：世間有三大賊人。云何爲三？諸苾芻！如有大賊，若百衆，若千衆，若百千衆，便往到彼城邑聚落，穿牆、解鑰、偷盜他物，或時斷路、傷、殺，或時放火燒村，或破王庫藏，或劫掠城坊。——是名第一大賊，住在世間。諸苾芻！如有大賊，無百衆，無千衆，無百千衆，不往城邑聚落，穿牆、解鑰、偷盜他物，亦不斷路、燒村、破王庫藏等，然取僧祇薪草、花果，及竹木等，賣已自活，或與餘人。——是名第二大賊，住在世間。又諸苾芻！有其大賊，無百衆，無千衆，無百千衆，不往城邑聚落，穿牆、解鑰、偷盜他物，乃至不取僧祇草等活命、與人，然於自身實未證得上人之法，妄說已有。——是名第三大賊，住在世間。汝諸苾芻！若實無上人之

法自稱得者，於人、天、魔、梵、沙門、婆羅門中，是極大賊。（有部律）

△佛告迦葉：「沙門垢有三十二，出家人所應遠離。何等三十二？

「欲覺是沙門垢。瞋覺是沙門垢。惱覺是沙門垢。自讚是沙門垢。毀他是沙門垢。邪求利養是沙門垢。因利求利是沙門垢。損他施福是沙門垢。覆藏罪過是沙門垢。親近在家人是沙門垢。親近出家人是沙門垢。樂於衆鬧是沙門垢。未得利養作方便求是沙門垢。於他利養心生悕望是沙門垢。自於利養心不知足是沙門垢。於他利養中心生嫉妬是沙門垢。常求他過是沙門垢。不見己過是沙門垢。於解脫戒而不深持是沙門垢。不知慚愧是沙門垢。無恭恪意、心慢掉動、無有羞恥是沙門垢。起諸結使是沙門垢。逆十二因緣是沙門垢。攝取邊見是沙門垢。不寂滅、不離欲是沙門垢。樂於生死不樂涅槃是沙門垢。好樂外典是沙門垢。五蓋覆心起諸煩惱是沙門垢。不信業報是沙門垢。

畏三脫門是沙門垢。謗深妙法，不寂滅行是沙門垢。於三寶中心不恭敬是沙門垢。

「迦葉！是名沙門三十二垢。若離此諸垢，是名沙門」（大寶積經寶梁聚會沙門品第一）

18 警勉㈣

△一切衆生禍從口出！夫口舌者，鑿身之斧，滅身之禍。（大方便佛報恩經）

△佛告阿難：人生世間，禍從口生。當護於口，甚於猛火：猛火熾然，能燒一世，惡口熾然，燒無數世；猛火熾然，燒世間財，惡口熾然，燒聖七財。（仝右）

△假使熱鐵輪，在我頂上旋，終不爲此苦，毀聖及善人。（仝右）

△願自喪身命，終不起惡心，向於出家人。（仝右）

△父母師僧宜應讚歎軟語，當念其恩。衆僧者，出三界之福田；父母者，三界內最勝福田。（仝右）

△與俗士談論，當以誠諦之語，發其信心；若說僧過，如以利刀斷其信根。（沙彌律儀合參）

△衆僧良福田；亦是蒺藜園。（護持皈敬則福增無量；侵損逼惱，壞自他福田，恐障出世大業。）（道宣律師引經誡俗）

△屢見白衣無識俗人，見佛呵責弟子，即謂自是好人，偏見僧過。若依經說，白衣之罪如皂衣、膩服，雖有外污，不覺別色；出家之人，猶如淨氎雖放蠅糞微污即覺易除。所以白衣造罪入地獄，如石沈水，無有出時；出家之人造罪入地獄，猶如拍毬，著地即返。何以故？以造罪時，生極慚恥，作已尋懺故。（法苑珠林）

△若是上品白衣，見佛呵責出家人罪，即自勸勵，省己不爲：出家清虛，高慕玄軌，尚有失意乖違，被佛呵責，我等白衣，無慚無愧，公然造罪，晝夜匪懈，未曾恥改，所以如來棄捨我等，不蒙教誨。即自改過，息惡不犯。譬如智人，先誡己身，他人見責，亦自改悔。故書云：見賢思齊，見不賢而內自省。（法苑珠林）

△在家之人多諸煩惱，父母妻子恩愛所繫，常思財色貪求無厭，得已守護多諸憂慮，流轉六趣違離佛法。當作怨家惡知識想，應厭家活生出家心，無有在家修集無上菩提之道，皆因出家得無上道。（大寶積經郁伽長者會）

△在家多塵汙，出家妙好；在家負擔，出家捨擔；在家沒於愛欲淤泥，出家遠離愛欲淤泥；在家增長淚乳血海，出家乾竭淚乳血海；在家多怒，出家多慈；在家逼他苦，出家樂他；在家結樂，出家滅樂；在家成就小法，出家成就大法；在家處流，出家船栰；在家此

岸，出家彼岸。（讚嘆出家功德，顯示在家過失，共百句。見大寶積經郁伽長者會）

△孔雀雖有色嚴身，不如鴻雁能遠飛；白衣雖有富貴力，不如出家功德勝。（大智度論）

△菩薩摩訶薩以十事故示現微笑心自誓。何等爲十？所謂菩薩摩訶薩念言：一切世間歿在欲泥，除我一人，無能免濟。如是知已熙怡微笑心自誓。復念言：一切世間煩惱所盲，唯我今者具足智慧。如是知已熙怡微笑心自誓。又念言：我今因此假名身故，當得如來充滿三世無上法身。如是知已熙怡微笑心自誓。菩薩爾時以無障礙眼遍觀十方所有梵天，乃至一切大自在天，作是念言：此等衆生，皆自謂爲有大智力。如是知已熙怡微笑心自誓。菩薩爾時觀諸衆生久種善根，今皆退沒；如是知已熙怡微笑心自誓。菩薩觀見世間種子，所種雖少，獲果甚多；如是知已熙怡微笑心自誓。菩薩觀見一切衆生蒙佛所教，

必得利益；如是知已熙怡微笑心自誓。菩薩觀見過去世中同行菩薩，染著餘事，不得佛法廣大功德；如是知已熙怡微笑心自誓。菩薩觀見過去世中同共集會諸天人等，至今猶在凡夫之地，不能捨離亦不疲厭；如是知已熙怡微笑心自誓。菩薩爾時爲一切如來光明所觸，倍加欣慰，熙怡微笑心自誓。是爲十。（八十華嚴）

19 散拾(一)

△云何名為常?常者唯涅槃。(滅)
云何為無常?謂諸有為法。(苦)
云何名為直?謂聖八正道。(道)
云何名為曲?曲者唯惡徑。(集)(雜阿含經)

△云何不淨令淨?謂戒不淨者,令其清淨。
云何不調伏者,令其調伏?謂眼根,耳、鼻、舌、身,意根……不調令調。
云何不定,令其正受?謂心不正定,令得正受。
云何不解脫,令得解脫?謂心不離貪恚,令得解脫。
云何不斷令斷?謂無明、有、愛,不斷令斷。
云何不知令知?謂其名、色,不知令知。

云何不修令修？謂止、觀，不修令修。

云何不得令得？謂般涅槃，不得令得。

△觀色如聚沫，受如水上泡，想如春時燄，諸行如芭蕉，諸識法如幻。（仝右）

△世間有五欲（色、聲、香、味、觸），意爲第六生，以知內外六，當念盡苦際。（增壹阿含經）

△心持世界去，心拘牽世間；

其心爲一法，能制御世間。（雜阿含經）

△諸比丘！當善思惟，觀察於心。所以者何？長夜心爲貪欲使染，瞋恚、愚痴使染故。比丘！心惱故衆生染，心淨故衆生淨。比丘！我不見一色，種種如斑色鳥——心復過是！所以者何？彼畜生心

種種故色種種。是故比丘！當善思惟，觀察於心。（仝右）

△正使有真金，如雪山王者，
一人得此金，亦復不知足，
是故智慧者，金石同一觀。（仝右）

△非繩鎖杻械，名曰堅固縛；染污心顧念，錢財寶妻子，是縛長且固，雖緩難可脫！慧者不顧念，世間五欲樂，是則斷諸縛，安隱永超世。（仝右）

△勝者更增怨，伏者臥不安；
勝伏二俱捨，是得安隱眠。（仝右）

△於勝己行忍，是名恐怖忍；
於等者行忍，是名忍靜忍；

於劣者行忍，是則爲上忍。（仝右）

△戒德重於地，慢高於虛空，憶念疾於風，思想多於草。（仝右）

△若有思量、有妄想，則有使、攀緣識住（無明、行、識）；有攀緣識住故，入於名色；入名色故，則有往來（六入、觸、受、愛、取、有）；有往來故，則有生死；有生死故，則有未來世：生、老、病、死、憂、悲、惱、苦——如是純大苦聚集。

△若不思量、無妄想，無使、無攀緣識住；無攀緣識住故，不入名色；不入名色故，則無往來；無往來故，則無生死；無生死故，於未來世：生、老、病、死、憂、悲、惱、苦滅——如是純大苦聚滅。（仝右）

△於過去無憂，未來不欣樂，

現在隨所得，正智繫念持，
飲食繫念故，顏色常鮮澤。
未來心馳想，過去追憂悔，
愚痴火自煎，如雹斷生草。（仝右）

△其心不爲惡，及身、口世間；
五欲悉皆空，正智正繫念；
不習近衆苦，非義和合者。（仝右）

△鄙法（無益苦行）不應近，放逸不應行，
不應習邪見（心外求法），增長於世間。
假使有世間，正見增上者，
雖復百千生，終不墮惡道。（仝右）

△比丘當知：若聞色是生厭、離欲、滅盡、寂靜法，是名多聞；

如是聞受、想、行、識，是生厭、離欲、滅盡、寂靜法，是名多聞比丘。（仝右）

△若於色說是生厭、離欲、滅盡、寂靜法者，是名法師；若於受、想、行、識，說是生厭、離欲、滅盡、寂靜法者，是名法師。是名如來所說法師。（仝右）

△雖誦千章，不義何益？不如一句，聞可得道。

雖誦千言，不義何益？不如一義，聞可得道。（增壹阿含經）

20 散拾㈡

△菩薩觀世間，妄想業所起；
妄想無邊故，世間亦無量。（華嚴經）

△諸佛及菩薩，佛法世間法，
若見其真實，一切無差別。（華嚴經）

△念念攀緣一切境，
心心永斷諸分別。（華嚴經）

△山羊被殺因作聲，飛蛾投火由火色，
水魚懸鉤爲吞餌，世人趣死以境牽。（佛本行集經）

△世間所有諸欲樂，乃至天上所有樂，
若比斷貪之大樂，十六分之不及一。（大方便佛報恩經）

△若能安住所行之道，成熟無量無邊衆生，是名導師。（大寶積經大神變會）

△大師者，所謂天人之師，即十號之一，以道訓人故彰斯目。然以師通凡小加大簡之，是則三界獨尊九道依學，唯佛大聖得此嘉號，自餘凡鄙安可僭稱？故十誦云：若比丘言我是大師，說大師事法，得蘭（偷蘭遮）、夷（波羅夷）罪，同大妄故。（四分律行事鈔資持記）

△從今日後陋形人不應與出家！陋形者：太黑、太白、太黃、太赤、太長、太短、太麤、太細。復次陋形之人，人喜尚不喜見，況復瞋恚時？是陋形人不應與出家。（僧祇律）

△一切殘疾惡狀貌辱佛法者，皆不得度。（五分律）

△師度弟子者，不得爲供給自己故——度人出家者得罪。（僧祇律）

△經曰：何者比丘名曰誑佛？若言我修慈悲彼人瞋恚，我能布施某甲慳貪，我具淨戒彼人犯戒，我勤精進彼人懈怠，我有智慧彼人大愚，我今樂靜彼染憒鬧，我修威儀彼人輕躁，我如法住彼不如法；或恃隱山絕粒衲衣一食，常坐不臥塚間樹下；或講經律善解法相，我有如是福德智慧。取此相者，即名我見、衆生見、壽者見。堅執是相，名爲誑佛。（淨心誡觀法）

△智者顗禪師示衆，舉：古德住山，每令執爨者煮粥，一日爨者觀火燒薪，念念就盡，無常遷逝，復速於是，即於灶前寂然入定，數

日方起，往上座所具陳所證，敍法轉深。上座曰：汝前所言，皆我境界，今所說者，非我所知，勿復言也！遂問：汝得宿命否？答曰：薄知。又問：何罪爲賤？何福致悟？答曰：往世曾住此山，因有客至，侵衆少菜，由此譴責，今爲衆奴，前習未忘，故易悟耳。（人天寶鑑引國清百錄）

△多見世人，爲善者反賤夭，爲惡者反福壽。蓋其前世爲善重者，今世雖爲惡，惡不勝善，故福壽。前世爲惡者，今世雖爲善，善不勝惡，故賤夭。而今世善惡之報，則又在來世。其或前世爲善爲惡，不甚重者，今世所爲稍勝之，即能變賤夭爲福壽，變福壽爲賤夭。故人宜通其變，勿礙乎三世而怠其現修，昧乎一心之作受也。（山庵雜錄）

△不變隨緣爲心；隨緣不變爲性。（止觀大意）

△於法無染曰精；念念趣求曰進。（法華輔行）

△攝心一處，便是功德叢林；散慮片刻，即名煩惱羅刹。（古德）

△以心持咒，其咒自靈；以咒攝心，心無不了。心咒相參，純一無雜。（古德）

△若五識不取塵，即無六識；六識無故，七識不生；七識不生故，則無善惡業；無善惡業故，即無生死；無生死故，如來藏心湛然常住。即是六、七識滅，建立八識。（宗鏡錄）

△由止觀之門，觀假而悟空，觀空而趣中，以入於實相者，為天台宗。

會緣入實，即俗而明真者，為賢首宗。

窮萬有之數，昭一性之玄，有空殊致，而同歸乎中道者，爲慈恩宗。（中峯廣錄）

△但莫瞞心，心自靈聖。（雲蓋智禪師）

△你但行裡坐裡，心念未起時，猛提起覷，見即便見，不見且卻拈放一邊，恁麼做工夫，休歇也不礙參學，參學也不礙休歇。（雪巖滿禪師）

△無邊義海，咸歸顧眄中。（宗鏡錄）

21 散拾(三)

△大乘萬行，大悲爲先。（大乘理趣六般若經）

△佛心豈有他，正覺覺衆生。（華嚴經）

△立志如大山，種德若深海。（華嚴經）

△只宜來世勝今生，莫遺今生勝來世。（唐·釋道宣）

△誹謗之生，皆由貪嫉。（佛說孛經抄）

△寧受智毀罵，不用愚稱讚。（大寶積經）

品）

△由心淨故得身淨；非身淨故得心淨。（大寶積經糞掃衣比丘品）

△有二種人名無所犯：一者稟性專精本來無犯；二者犯已慚愧，發露懺悔。（大乘大集地藏十輪經）

△不起罪業，不起福業，不起無動業，是名供養佛。（勝思惟經）

△戒、持戒、破戒三事不可得，是名智慧。人有三種：下人破戒，中人著戒，上人不著戒。（大智度論）

△世人得罪，其行有三：口言傷人、身行暴害、心專嫉妒。（中本起經）

△一切摸畫無勝於意！意畫煩惱，煩惱畫業，業則畫身。（優婆塞戒經）

△所謂沙門者，眼不流色中，耳、鼻、舌、身、意不流（聲、香、味、觸）法中，是故謂之沙門。（大寶積經寶梁會沙門品第一）

△妄息寂自生，寂生知則現，知生寂自滅，了了唯真見。（汾陽無德禪師）

△以無所見起於天眼，無所聞起於天耳，無所攀緣起他心智，離於前際起宿命智，身心不動起於神足。（大寶積經大神變會）

按：此是無住生心境界。

△出家利樂

已去憒鬧得空閒，已離俗愛無攀緣，

已出馳動入寂定，已離染著得無礙，
已捨苦境得無惱，已離妻子無纏縛，
已棄飾好厭華侈，已絕聲色滅貪求，
已斷榮辱去我見，已向八正趣道門，
已披弘誓忍耐鎧，已服解脫涅槃衣，
已望畢竟空寂舍，已登慈悲喜捨堂，
已見迴向之大利，已聽多聞自覺音；
佛見出家之利樂。（南齊文宣公蕭子良述）

△若有女人成就三十二種功德，當爲菩薩之母。何等名爲三十二德：

一者名稱高遠。二者衆所咨嗟。三者威儀無失。四者諸相具足。五者種姓高貴。六者端正絕倫。七者名德相稱。八者不長不短，不粗不細。九者未曾孕育。十者戒體成就。十一者心無執著。十二者顏色和悅。十三者運動順右。十四者識用明悟。十五者姿性柔和。十六者常無怖懼。十七者多聞不忘。十八者智慧莊嚴。十九者心無諂曲。二十者無所欺誑。二十一者未嘗忿恚。二十二者恆無慳吝。二十三者性不嫉妒。二十四者性無躁動。二十五者容色滋潤。二十六者口無惡言。二十七者於事能忍。二十八者具足慚愧。二十九者三毒皆薄。三十者遠離一切女人過失。三十一者奉天如戒。三十二者衆相圓滿。（方廣大莊嚴經）

△爲鈍根者說十八界（六根六塵六識），爲中根者說十二處（六根六塵），爲利根者說五蘊。（大藏一覽集引大毗婆沙論）

△色蘊—積聚虛假。受蘊—領納資貪。想蘊—取像奔馳。行蘊—微細遷流。識蘊—熾然了別。（五蘊）

眼根—喜怒視相。耳根—聽審相續。鼻根—愛憎香臭。舌根—嘗味甘苦。身根—貪嫌澀滑。意根—恆審思量。（六根）

色塵—形顯質礙。聲塵—反聞成迷。香塵—薰蕕惑知。味塵—鹹

淡遷怒。觸塵—冷暖勞苦。法塵—萬象紛紜。（六塵）

眼識—玄黃不真。耳識—苦樂貲異。鼻識—觀氣旋光。舌識—辯説邪正。身識—隨機現儀。意識—緣慮循空。（六識）（大藏經綱目指要）

—載民國五八年菩提樹月刊二〇三期至二六三期

22 金師子章・始終心要

△華嚴金師(獅)子章(唐・法藏述) 武則天諮問華嚴奧旨，法藏敷宣玄義，指殿隅金師子爲譬，明緣起性空道理，則天豁然領旨。法藏集其語曰：『金師子章』以進。內容囊括全部佛法，爲佛教重要文獻。

初、明緣起
二、辨色空
三、約三性
四、顯無相
五、說無生
六、論五教
七、勒十玄
八、括六相

九、成菩提

十、入涅槃

明緣起第一

謂金無自性，隨工巧匠緣，遂有師子相起。起但是緣，故名緣起。

辨色空第二

謂師子相虛，唯是真金；師子不有，金體不無，故名色、空。又復空無自相，約色以明，不礙幻有，名爲色、空。

約三性第三

師子情有，名爲徧計。師子似有，名曰依他。金性不變，故號圓成。

顯無相第四

謂以金收師子盡，金外更無師子相可得，故名無相

說無生第五

謂正見師子生時，但是金生，金外更無一物。師子雖有生滅，金

體本無增減。故曰無生。

論五教第六

一、師子雖是因緣之法，念念生滅，實無師子相可得，名愚法聲聞教。

二、即此緣生之法，各無自性，徹底唯空，名大乘始教。

三、雖復徹底唯空，不礙幻有宛然，緣生、假有，二相雙存，名大乘終教。

四、即此二相，互奪兩亡，情僞不存，俱無有力，空有雙泯，名言路絕，棲心無寄，名大乘頓教。

五、即此情盡體露之法，混成一塊，繁興大用，起必全真，萬象紛然，參而不雜，一切即一，皆同無性，一即一切，因果歷然，力用相收，卷舒自在。名一乘圓教。

勒第十玄第七

（自同時具足相應門至唯心迴轉善成門，共十門，略）

括六相第八

師子是總相。

五根差別是別相。

共從一緣起是同相。

眼、耳等不相濫，是異相。

諸根合會有師子，是成相。

諸根各住自位，是壞相。

成菩提第九

菩提，此云道也，覺也。謂見師子之時，即見一切有爲之法，更不待壞，本來寂滅，離諸取捨，即於此路，流入薩婆若海，故名爲道。即了無始已來，所有顛倒，元無有實，名之爲覺。究竟具一切種智，名成菩提。

入涅槃第十

見師子與金，二相俱盡，煩惱不生，好醜現前，心安如海，妄想都盡，無諸逼迫，出纏離障，永捨苦源，名入涅槃。

△始終心要（唐・湛然述）

夫三諦者，天然之性德也！中諦者，統一切法；真諦者，泯一切法；俗諦者，立一切法。舉一即三，非前後也；含生本具，非造作之所得也。

悲夫！祕藏不顯，蓋三惑之所覆也。故無明翳乎法性；塵沙障乎化導；見思阻乎空寂。

—然茲三惑，乃體上之虛妄也！於是大覺慈尊，喟然歎曰：「真如界內，絕生佛之假名；平等慧中，無自他之形相。但以衆生妄想，不自證得，莫之能返也。」

由是立乎三觀，破乎三惑，證乎三智，成乎三德。

—空觀者，破見、思惑，證一切智，成般若德；假觀者，破塵沙惑，證道種智，成解脫德；中觀者，破無明惑，證一切種智，成法身德。

然茲三惑、三觀、三智、三德非各別也，非異時也；天然之理，具諸法故。

然此三諦，性之自爾：迷之三諦，轉成三惑！惑破藉乎三觀；觀成證乎三智；智成成乎三德！

從因至果，非漸修也；說之次第，理非次第。——大綱如此，綱目可尋矣！

23 唯識集解序・識智頌

△成唯識論集解自序（明・通潤）

一代時教，雖逗機不同，戶牖各別，要其所歸，性相二字，該括無遺矣。

曷謂性？謂不生滅，無去來，離四句，絕百非者是。楞伽所謂寂滅一心，楞嚴所謂清淨覺性也。

曷謂相？即清淨覺性中，瞥爾不覺，遂流而爲識，結而爲色，膠而爲執，蕩而爲空！於是：色法分爲十一，則有：眼耳鼻舌色聲香味等相生焉。心法分而爲八，則有了別之相出焉。心所法分而爲五十一，則有觸等、欲等、貪痴等相出焉。不相應法分爲二十四，則有得失、生滅等相出焉。無爲法分而爲六，則有虛空、擇滅等相出焉——百法叢生，衆相橫出，清淨覺性，鬱而不揚矣。於是凡夫見相而不見性，用識而不用智，根、塵、識三，交馳互逸，頭頭羈絏，處處粘著。外道、小乘，迷頭認影，不達自心，謬執心外實有諸法，復執諸法實有自性，向空華上，分淡分濃，於免角邊，較長較短，部黨羣分，互相牴角。——此大乘唯識正宗立破之義所由作也！

且此論以唯識爲宗者：謂色等十一法，是所緣唯識故；識等八法，是自性唯識故；心所五十一法，是相應唯識故；不相應二十四法，是分位唯識故；無爲六法，是識性唯識故。是知五位百法，統名唯識，離識之外，無片事可得，故以唯識標宗也。

以立破爲義者：如立色等十一法，爲所緣唯識者，是破外道、小乘，計心外實有諸法也。立八種識爲自性唯識者，是破小乘執六識、三毒爲生死因；數論、勝論等，計神我、勝性爲生死因；及一類菩薩，撥識亦無之執也。立五十一心所法爲相應唯識者，是破小乘誤執離心無別心所之執也。立二十四不相應法爲分位唯識，及無爲法爲實性唯識者，是破小乘執得等、虛空等爲實有自性也。復立十因、四緣爲生起因者，是破自然外道無因而生諸法也。——是故，索其旨趣，究其始終，皆以立破爲義。

立破之義既成，則知萬法元從己出，不自外來，悉假緣生，亦非實有。於是九十六種外道，悉豎降旗，一十八部小乘，爭扶象轍。乘其啓竅，導入無疵，授以新方，驅其痼疾。是以收百法歸相、見，攝相、見屬依他。若從依他而執我、執法，則没溺痴河，若了依他元無自性，則優游覺海。故復明轉識成智，束智爲身也。

嗚呼！古尊宿見性之後，或棒，或喝，或伸，或欠，或拈搥豎拂，或吐舌揚眉，或張弓架箭，或舞笏輥毬，或掀倒禪床，或趯翻飯桶，或作驢鳴，或爲犬吠，無非遊戲神通，發明般若者，莫不皆從相中打出，識裡透來。故全相是性，全識是智，方得真實受用，左右逢原，隨流得妙。——誰謂相宗非要哉！

是知性之不明者，相之不徹也。故欲明性，先須徹相；相徹而後性自明矣。今見性者既不可得，而復弁髦其相！問其性，則指胸、點舌、豎臂、擎拳——曰：無非是道。問其相，則口如匾擔，眼似流星，曰：我無用此。顢頇儱侗，甘坐自欺。諸佛慧燈，於茲漸熄——不亦大可哀邪！

然此論自奘師糅成之後，口授基師，基師作疏以釋其義。當爾時，耳提面命，家喻戶曉，故自唐以來，弘之者廣，而見性者如麻似粟，觸處皆是。至我明而疏義湮沒，此論亦寘之高閣，相宗一脈，黯然不彰，即見性亦如麟角。故知見性，雖不在相，實由徹相以見性。是則相宗爲見性之明燈，亦是欲到菩提法性城中一本路程圖也——惡可少哉……第願後之學者，藉是解而了相，而破相，而離相，則幸矣！若據是解而泥相，則蛇足之誚，余復何辭！」

△六祖識智頌（附憨山大師解）

大圓鏡智性清淨。（解云：教中說轉識成智；六祖所說識本是智，更不須轉！只是悟得八識自性清淨，當體便是大圓鏡智矣！）

平等性智心無病。（解略）

妙觀察智見非功。（解略）

成所作智同圓鏡。（解略）

若於轉處不留情，繁興永處那伽定。（解云：此結前轉而不轉之義也。所言轉識成智者，無別妙術：但於日用念念流轉處，若留情念繫著，即智成識；若念念轉處，心無繫著，不結情根，即識成智！則一切時中，常居那伽大定矣！豈是翻轉之轉耶。觀六祖此偈，發揮識智之妙，如傾甘露於焦渴喉中。如此深觀，有何相宗不是參禪向上一路耶！）

24 護教編後記

△釋氏護教編後記（明・宋濂撰）

西方聖人，以一大事因緣，出現於世，自從鹿野苑中，直至於跋提河，演說苦、空、無我，無量妙義，隨機鈍利，分爲頓漸，無小無大，盡皆攝入薩婆若海。

既滅度後，其弟子阿難陀，多聞總持，有大智慧，結集爲修多羅藏。而諸尊者，或後或先，各闡化源：優波離集四部律，謂之毗尼。金剛薩埵於毗盧遮那前，親受瑜伽五部，謂之秘密章句。無著、天親，頻升知足天宮，咨參慈氏，相與造論，發明大乘，謂之唯識宗旨。西竺龍勝（龍樹），以所得毗羅之法，弘其經要，謂之中觀論。燉煌杜法順，深入華嚴不思議境，大宣玄旨，謂之華嚴法界觀。

毗尼之法，魏嘉平初，曇柯羅始持僧祇戒本至洛陽，而曇無德、曇諦等，繼之立羯磨法，唐南山澄照律師道宣，作疏明之，四分律遂大行，是爲行事防非止惡之宗。薩埵以瑜伽授龍猛（龍樹），猛授龍智，智授金剛智，唐開元中，智始來中國，大建曼荼羅法事，大智道氤、大慧一行及不空三藏，咸師尊之，是爲瑜伽微妙秘密之宗。唐貞觀三年，三藏玄奘往西域諸國，會戒賢於那蘭陀寺，因受唯識宗旨以歸，授慈恩窺基，基乃網羅舊説，廣制疏論，是爲三乘法相顯理之宗。梁、陳之間，北齊惠文，因讀中觀論悟旨，遂遙禮龍勝爲師，開空、假、中三觀止觀法門，以法華宗旨授慧思，思授天台國師智儼，儼授灌頂，頂授智威，智威授惠威，惠威授玄朗，朗授湛然。是爲四教法性觀行之宗。隋末，順以法界觀授智儼，儼授賢首法藏，至清涼大統國師澄觀，追宗其學，著華嚴疏論數百萬言，圭峯宗密繼之，而其化廣被四方：是爲一念圓融具德之宗。

——瑜伽久亡；南山亦僅存；其盛行於今者，唯天台、慈恩、賢首而已！此則世之所謂教者也。

世尊大法，自迦葉二十八傳，至菩提達摩。達摩悲學佛者纏蔽於竹帛間，乃弘教外別傳之旨，不立文字而見性成佛。

達摩傳慧可，可傳僧璨，璨傳道信，信傳弘忍，忍傳曹溪大鑑禪師惠能，而其法特盛！能之二弟子：懷讓、行思，皆深入其閫奥。

讓傳道一，一之學，江西宗之，其傳爲懷海，海傳希運，運傳臨濟慧照大師義玄，玄立三玄門，策厲學徒，是爲臨濟之宗。海之旁出，爲潙山大圓禪師靈祐，祐傳仰山智通大師慧寂，父唱子和，微妙玄機，不可凑泊，是爲潙仰之宗。

思傳希遷，遷之學，湖南宗之，其傳爲道悟，悟傳崇信，信傳宣鑑，鑑傳義存，存傳雲門匡真大師文偃，偃之氣宇如王，三句之設，如青天震雷，聞者掩耳，是爲雲門之宗。玄沙師備，偃之同門友也，其傳爲桂琛，琛傳法眼大師文益，益雖依華嚴六相，唱明宗旨，迥然獨立，不涉凡情，是爲法眼之宗。遷之旁出，爲藥山惟儼，儼以寶鏡三昧、五位，顯三種滲漏，傳雲晟，晟傳洞山悟本大師良价，价傳曹山元證大師本寂，而復大震，是爲曹洞之宗。

——法眼再傳，至延壽，流入高句麗；仰山三傳，之芭蕉徹，當石晉開運中，遂亡弗繼；雲門、曹洞，僅不絕如線；唯臨濟一宗，大用大機，震盪無際，若聖若凡，無不宗仰。此則世之所謂禪者也。

嗚呼！教之與禪，本無二門。依教修行，蓋不出於六度梵行，而禪定特居其一。繇衆生根有不齊，故先佛示化，亦不免其異耳；奈何後世各建門庭，互相盾矛。教則譏禪，滯乎空寂；禪則譏教，泥乎名相，籍籍紛紛，莫克有定！是果何爲者耶？

此則教禪異塗，猶可說也！自禪一宗言之：佛大勝多，與達摩同學禪觀，達摩則遠契真宗；勝多所見一差，遂分爲有相、無相、定慧、戒行、無得、寂靜六門，非達摩闢之，安能至今廓如也。慧能與神秀，同受法於弘忍，能則爲頓宗，秀則別爲漸宗；荊、吳、秦、洛，各行其教。道一、神會，又同出於能者也；道一則密受心印，神會則復流於知解，一去弗返。而其末流，若大珠、明教、慈受輩，尚何以議爲哉！

自教一宗言之，慈恩立三教（小乘有教、大乘空教、大乘中道教），天台則分四教（藏、通、別、圓），賢首則又分五教（小、始、終、頓、圓），麤、妙各見，漸、圓互指，終不能歸之一致，可勝嘆哉！

此雖通名爲教，各自立宗，猶可説也；自夫本教之內言之：律學均以南山爲宗；真悟智圓律師允堪著會正記等文，識者謂其超出六十家釋義之外，何不可者；至大智律師元照，復別以法華開顯圓意，作資持記，又與會正之師殊指矣。不特此也，四明法智尊者知禮，孤山法慧大師智圓，同祖天台，同學心觀：真妄之異觀，三諦之異説，既已牴牾之甚；霅川、仁岳，以禮之弟子，又操戈入室，略不相容，諫書、辨謗之作，逮今猶使人凜然也！其他尚可以一二數之哉！

嗚呼！毗盧華藏圓滿廣大，偏河沙界，無欠無餘，非相而相，非緣而緣，非同而同，非別而別，苟涉思惟，即非聖諦；又何在分教與禪之異哉？又何在互相盾矛業擅專門哉？又何在操戈相攻，遽背其師説哉！——雖然，適長安者，南北異塗，東西殊轍，及其所至，未嘗不同，要在善學者慎夫所趨而已！

比丘永壽，嘗以閩僧一源所著『護教編』示予，自大迦葉至於近代諸師，皆有傳、贊，文辭簡古，誠奇作也。壽獨惜其不著教禪承傳同異之詳，請予爲記，以補其闕略。予因以所聞，疏之如右。文繁而不殺者，欲其事之著明，蓋不得不然也。

25 圭峯宗密禪教觀

△圭峯宗密禪教觀（附略傳）

終南山圭峯宗密禪師：唐．果州西充人也；俗姓何氏。家本豪盛，少通儒學，冠歲探釋典，年二十七，依遂州圓和尚披剃。復謁荊南忠禪師、洛陽照禪師以及清涼國師，得禪教要旨。師於禪爲荷澤下第四世，教爲華嚴宗第五祖。學該內外，宗說兼通。自述用功過程：「捨衆入山習定均慧，前後息慮相計十年。微細習情，起滅彰於靜慧，差別法義，羅列見於空心，虛隙日光纖埃擾擾，清潭水底影像昭昭。豈比夫空守默之痴禪，但尋文之狂慧。」

鎔禪教要義一爐而冶之！造華嚴、圓覺、金剛、唯識等經疏，并書、偈、議論多卷，又集諸宗禪語爲禪藏（即禪源諸詮集，共一百卷，惜不傳，僅存序）。摧邪顯正，功在法門。

圭峯睹當世禪教，互相非毀；又禪宗各派，立旨互異：「有以空爲本；有以知爲源；有云寂默方真；有云行坐皆是；有云見今朝暮分別爲作一切皆妄；有云分別爲作一切皆真；有萬行悉存；有兼佛亦泯；有放任其心；有拘束其心；有以經律爲所依；有以經律爲障道。」

圭峯認爲此種現象，並無矛盾，用工方法不同，目的則無二致：「或空或有，或性或相，悉非邪僻，但緣各皆覺己爲是，斥彼爲非。」因加合會，以如來三種教義，楷定禪宗三種法門：

禪三宗者：

一、息妄修心宗。（南侁、北秀、保唐、宣什等屬之。）

二、泯絕無寄宗。（石頭、牛頭、徑山。）

三、直顯心性宗。（荷澤、江西。）

教三種：

一、密意依性說相教。（佛見三界六道悉是真性之相，但是衆生迷性而起，無別自體，故云依性。然根鈍者卒難開悟，故且隨他所見境相說法漸度，故云說相。說未彰顯，故云密意也。此一教包括人天、四諦、法相。）

二、密意破相顯性教。（空宗）

三、顯示真心即性教。（性宗）

教三種，禪三宗，一一配對，由淺至深，總爲如來一代時教。其中由於頓漸法門不同，產生種種不同見解，但畢竟是：「方便多門，歸源無二。」

圭峯又就禪之種類，加以揀別，使學人知所遵循，不落儱侗：「真性即不垢不淨，凡聖無差；禪則有淺有深，階級殊等，謂：

——帶異計，欣上厭下而修者，是外道禪。

——正信因果，亦以欣厭而修者，是凡夫禪。

——悟我空偏真之理，而修者，是小乘禪。

——悟我、法二空，所顯真理，而修者，是大乘禪。

——若頓悟自心本來清淨，元無煩惱，無漏智性本自具足，此心即佛，畢竟無異：依此而修者，是最上乘禪。亦名如來清淨禪，亦名一行三昧，亦名真如三昧。此是一切三昧根本，若能念念修習，自能漸得百千三昧。達磨門下展轉相傳者，是此禪也。」

圭峯又就禪錄載：

『（達磨）欲西返天竺，乃命門人曰：時將至矣，汝等盍各言所得乎！時門人道副對曰：如我所見，不執文字，不離文字，而為道用。師曰：汝得吾皮。尼總持曰：我今所解，如慶喜見阿閦佛國，一見更不再見。師曰：汝得吾肉。道育曰：四大本空，五陰非有，而我見處，無一法可得。師曰：汝得吾骨。最後慧可禮拜後，依位而立，師曰：汝得吾髓。』

就其境界差殊，加以排比：

「尼總持得肉：斷煩惱，得菩提。

道育得骨：迷即煩惱，悟即菩提。

慧可得髓：本無煩惱，元是菩提。」

此土衆生，對禪似有所偏好，圭峯在『禪源諸詮集都序』中加以解釋：

「教也者，諸佛菩薩所留經論也；禪也者，諸善知識所述句偈也。但佛經開張，羅大千八部之衆；禪偈撮略，就此方一類之機。羅衆則漭蕩難依；就機即指的易用。今之纂集，意在斯焉。」

明乎此，則知是契機問題，毋須爲此起諍論！但如何使禪納入正軌，則是當務之急。

圭峯善於譬喻說法，依『起信論』，以夢爲喻，述說生死身之所由來。法、喻并舉，縷述甚詳。本末總有十種，謂：本覺、不覺、念起、見起、境現、執法、執我、煩惱、造業、受報。

一、謂一切衆生，雖皆有本覺真心。（如一富貴人，端正多智，自在宅中住。原注，下同。）

二、未遇善友開示，法爾本來不覺。（如宅中人睡，自不知也。論云：依本覺故而有不覺也。）

三、不覺故，法爾念起。（如睡法爾有夢。論云：依不覺故，生三種相。此是初一。）

四、念起故，有能見相。（如夢中之想。）

五、以有見故，根身世界妄現。（夢中別見有身在他鄉貧苦，及見種種好惡事境。）

六、不知此等從自念起，執為定有，名為法執。（正夢時，法爾必執所見物，為實有也。）

七、執法定故，便見自他之殊，名為我執。（夢時必認他鄉貧苦身，為己本身。）

八、執此四大為我身故，法爾貪愛順情諸境，欲以潤我；瞋嫌違情諸境，恐損惱我；愚痴之情，種種計校。（此是三毒。如夢在他鄉，所見違順等事，亦貪瞋也。）

九、由此故，造善惡等業。（夢中或偷奪、打罵；或行恩、布德。）

十、業成難逃：如影響應於形聲，故受六道業繫苦樂相。（如夢因偷奪、打罵，被捉枷禁、決罰；或因行恩，得報舉薦、拜官、署職。）

以上十重，生起次第，血脈連接，行相甚明。但約理觀心而推照，即歷然可見。

另有悟後修證，亦十重，翻妄即真，無別法故。（文略）

圭峯復就迷悟，作總括譬喻：

「如有大官（佛性），夢（迷）在牢獄（三界），身（本識）著枷鎖（貪愛），種種憂苦（一切業報），百計求出（聞法勤修），遇人喚起（善知識也），忽然覺悟（聞法心開），方見自身（法身真我），元在自家（淨名經云：畢竟空寂舍也），安樂（寂滅爲樂）、富貴（體上有恆沙功德也），與諸朝寮都無差別（同諸佛之真性）。」

圭峯另在『原人論』中，破斥儒、道的元氣、自然、天命之說，闡述生命起源，世間生起因由。由於發自般若，故無堅不摧，廓清迷雲，予人以正知見。文曰：

「（上略，可接前：九、由此故，造善惡等業）或性善者，行施、戒等心神，乘此善業，運於中陰，入母胎中，禀氣受質（會彼所說以氣爲本）。氣則頓具四大，漸成諸根；心則頓具四蘊，漸成諸識。十月滿足，生來名人，即我等今者身心是也。故知身心，各有其本，二類和合，方成一人。天、修羅等，大同於此。

「然，雖因引業（引業招總報），受得此身，復由滿業（滿業招別報）故：貴賤、貧富、壽夭、病健、盛衰、苦樂。謂前生敬慢爲因，今感貴賤之果；乃至仁壽，殺夭，施富，慳貧，種種別報，不可具述。是以此身，或有無惡自禍，無善自福，不仁而壽，不殺而夭等

者，皆是前生滿業已定，故今世不因所作，自然而然；外學者不知前世，但據目睹，唯執自然。（會彼所說自然爲本）

「復有前生，少時修善，老而造惡；或少惡老善；故今世少小富貴而樂，老大貧賤而苦；或少貧苦，老富貴等。故外學唯執否泰，由於時運。（會彼所說皆由天命。）

「然所禀之氣，展轉推本，即混一之元氣也；所起之心，展轉窮源，即真一之靈心也。究實言之，心外的無別法；元氣亦從心之所變，屬前轉識所現之境，是阿賴耶相分所攝。從初一念業相，分爲心境之二；心既從細至麤，展轉妄計，乃至造業；境亦從微至著，展轉變起，乃至天地。（即彼始自太易，五重——太易、太初、太始、太素、太極——運轉，乃至太極生兩儀。彼說自然大道，如此說真性，其實但是一念能變見分。彼云元氣，如此一念初動，其實但是境界之相。）

「業既成熟，即從父母，禀受二氣；氣與業識和合，成就人身。據此，則心識所變之境，乃成二分；一分與心識和合成人；一分不與心識和合，即是天地、山河、國邑。三才中唯人靈者，由與心神合也。佛說內四大，與外四大不同，正是此也。

「哀哉寡學——異執紛然！寄語道流，欲成佛者，必須洞明麤細本末，方能棄末歸本，返照心源，麤盡細除，靈性顯現，無法不達，名法、報身；自然應現無窮，名化身佛。」

由以上譬喻、說理，仔細推究，則對生死流轉，身心（正報）、宇宙（依報）源由，以及如何轉凡成聖，可得箇概略認識。世間上各種學說——包括科學、哲學、宗教，異執紛紜，不出五蘊——色（妄境）、受、想、行、識（妄心），空花結空果，是無法超越的。

●

圭峯在『原人論』中，由淺至深，列舉五教——亦即判教，將如來一代時教，作有系統整理，俾各類根機，依之修行，皆獲法益。文略曰：

一、人天教　佛爲初心人，且說三世業報，善惡因果，令懼三途苦，求人天樂，修施、戒、禪定等一切善行，得生人道、天道，乃至色界、無色界。

二、小乘教　明出世因果：知苦、斷集、慕滅、修道，證我空真如，滅盡累患，得阿羅漢果。諸阿含等六百一十八卷經，婆沙、俱舍等六百九十八卷論，皆唯說此小乘，及前人天因果。

三、大乘法相教　相宗。說我、法但是情識虛妄變起，迷故執有我及諸境。既悟本無我法，唯有心識，依聖教修習，轉識成智，證二空所顯真如。解深密等數十本經，瑜伽、唯識數百卷論，所說之理，不出此也。

四、大乘破相教　空宗。破前大小乘法相之執，密顯後真性空寂之理。諸部般若千餘卷經，及中、百、門等三論，廣百論等，皆說此也。龍樹立二種般若：一共，二不共。共者，二乘同聞信解，破二乘法執故。不共者，唯菩薩解，密顯佛性故。

五、一乘顯性教　性宗。開示靈知之心，即是真性，與佛無異。

性自清淨，不因斷惑成淨。達磨所傳是此心也。華嚴、密嚴、圓覺、佛頂、勝鬘、如來藏、法華、涅槃等四十餘部經，寶性、佛性、起信、十地、法界、涅槃等十五部論，雖或頓或漸不同，據所顯法體，同屬此教。

圭峯指示用工方法：

「若有中、下之機，則從淺至深，漸漸誘接。先說初教，令離惡住善，次說二、三，令離染住淨；後談四、五，破相顯性，會權歸實，依實教修，乃至成佛。

「若上上根智，則從本至末。謂初便依第五，頓指一眞心體！心體既顯，自覺一切皆是虛妄，本來空寂；但以迷故，託眞而起。須以悟眞之智，斷惡修善，息妄歸眞，妄盡眞圓，是名法身佛。」

——具頓、漸二法門！如來禪、祖師禪網羅殆盡！其善說法如此！故相國裴休有贊曰：

「世尊爲闡教之主，吾師爲會教之人。」

圭峯講述不輟，勤於誘接，悲心殷切，純出於利他！經云：「菩薩不斷煩惱，唯起大悲。」況師之悲智雙運！故不爲多聞所役，不爲聲利所累。裴休與游最久，相知最深，爲文讚曰：

「禪師以法界爲堂奧，教典爲庭宇，慈悲爲冠蓋，衆生爲園林；終日贊述，未嘗以文字爲念。」

圭峯多有著述傳世，涵蓋面很廣，『圓覺經略疏』、『原人論』、『禪源諸詮集都序』，均爲精簡之作，爲有識者所寶重。圭峯在後人眼裡，不是無疵議的：如其不能突破傳統對小乘的貶低；以及一些禪者對其「傍教說禪」、「以教證禪」，持有異議。但其對整體佛教來說，是卓有貢獻的。

圭峯於唐武宗會昌元年入寂，閱世六十二，僧臘三十四。裴休爲撰塔銘，述事蹟甚詳。宣宗追謚『定慧禪師』，塔曰：『青蓮』。

禪悅錄

1 參禪一得

古云：處世若大夢。三界似個大夢場，衆生有如同床異夢；凡夫執夢境爲實，不思出離；外道雖思解脫而不得其法；唯獨佛教有醒夢之方！其秘訣何在？無他，不心外求法；內離能見之妄心，外離所見之妄相，根塵迴脫，徹見本來面目。

世尊歷劫修行，朗然大覺，如鏡映現，窮盡衆生根性。四十九年中，巧施四悉檀，廣開八萬四千法門。總括說，以五乘佛法——人乘、天乘、聲聞乘、緣覺乘、菩薩乘，導引衆生。使先去惡向善；次令離染歸淨；最後於靈山會上，拈花示衆，明妄想性離！如古德說的：「無邊剎境，自他不隔於毫端，十世古今，始終不移於當念。」涅槃妙心離於語言文字，不歷階級，當下即見！

法無高下，契機者良。佛在契經中叮囑舍利弗：「汝慎勿爲利根衆生廣說法語，而爲鈍根衆生約略說法。」衆生往業，千差萬別，根性不同，一如其面。上根利智者，言下知歸，頓入如來地，中下根機則須多方接引，循序漸進，由小乘而大乘，然後成佛。何以世尊教外別傳立禪宗一法？考其原因有二：一、衆生佛性本具：此佛性超絕聖凡、因果、善惡，不假造作無修無證，迷時不失悟時不得，佛與衆生僅在現前一念之別，三大阿僧祇劫修行得悟與凡夫頓悟無增無減。因此，如有方便善巧，自有捷徑可循，不必盡需多劫辛苦。此亦可以夢喻之：漸法如吾人夢中遇善知識授以醒夢之方，吾人依而行之，漸漸遠離顛倒夢想，終於豁然大悟；頓法如善知識俟機加以一喊或一搖即醒矣。二、衆生根機有別：有類衆生，觀察力特强，生而即知世間苦空，若復授以苦空之理，則爲多此一舉；利根衆生亦爾，知是心是佛心外無法，如仍强以權漸法門，則爲有失機宜，欲益反損。

習學禪宗，須有大善根，及善知識指導。二者雙具，則其疾如風；二者缺一，久久摸索，時時提撕，亦能到家；二者皆無，則無從下手，惟有靠漸教薰習，慢慢昇進。

上根利智何以能頓悟呢？因衆生係真性緣起，妄依真有，有如兩手（無明、業）相擊，聲（衆生）出其中，手停則聲歇；妄想無性，念念相續，利根衆生一念迴光返照，當下即見本體；既見本體，聖凡情盡，靈光獨耀，八風不動，諍論都息，一切功德法爾具足。佛及諸祖所以要宏揚禪宗，即基因在此。

談及禪宗，很多人都對之有莫測高深的感覺，古德卻不然，往往以極平常的手段，使人大徹大悟。由於衆生係真性緣起，但前念不生後念不滅，即返本還源，衆生不達擾攘不停，捨一取一不能休歇，於是教以迴光返照之方法：如二祖慧可請法於初祖達磨：「我心未寧，乞師與安。」初祖答：「將心來與汝安。」二祖云：「覓心了不可得。」初祖曰：「與汝安心竟。」二祖即悟。又如講僧問：真性緣起其義云何？玄挺禪師答：「大德！正興一念問時，是真性中緣起。」其僧言下大悟。又如百丈大師上堂說法畢，常以拄杖趁散大衆，師於背後喊：大衆！衆人回首，師曰：「是什麼？」似此公案不勝枚舉，很多學人因此獲益。只是我們根鈍，對這類直捷作風，難以領解。

古人根利，故禪德多以一言兩語，或棒喝之下，或掉頭轉腦之間，使學人頓悟玄旨，間亦有方便開示，及示以反聞聞自性之方法：大安禪師上堂云：「汝諸人總來就安，求覓什麼？若欲作佛，汝自是佛，而卻傍家走，忽忽如渴鹿趁陽燄，何時得相應去！阿爾欲作佛，但無如許多顛倒、攀緣、妄想、惡覺、垢欲、不淨衆生之心，則汝便是初心正覺佛，更向何處別討！所以安在溈山三十年來，喫溈山飯，屙溈山屎，不學溈山禪，只看一頭水牯牛，若落落入草便牽出，若犯人苗稼，即鞭撻調伏，既久，可憐生，受人言語，如今變作個露地白牛，常在面前，終日露迴迴地，趁亦趁不去。……」又無住禪師與相國杜鴻漸論道，值庭樹鴉鳴，相國問師聞否？師曰聞。鴉去已，又問師聞否？師曰聞。相國問：「鴉去無聲，云何言聞？」師乃普告大衆曰：「佛世難值，正法難聞！各各諦聽：聞有聞無，非關聞性。聞性本來不生，何曾有滅；有聲之時，是聲塵自生；無聲之時，是聲塵自滅；而此聞性不隨聲生，不隨聲滅。悟此聞性，則免聲塵之所轉。當知聞無生滅，聞無去來。……」又師彥禪師反聞聞自性方法，更為直截了當：師終日如愚，常自喚：「主人公。」復自應：「諾。」然後云：「惺惺著，他時後日莫被人瞞。」真是視之無形，呼之欲出。

禪宗重在一念不生，一念不生，則盡大地是自己，虛明寂照；一念既生，則入凡情聖解，墜於意識。禪宗大德對破除妄念，除臨時點化外，亦兼重於日常生活的薰習，以極平凡的方法，叫學人去體會至理：六祖惠能示衆：「若欲成就種智，須達一相三昧，一行三昧。若於一切處而不住相，於彼相中不生憎愛，亦無取捨，不念利益成壞等事，安閒恬靜，虛融澹泊，此名一相三昧。若於一切處，行住坐臥，純一直心，不動道場，真成淨土，名一行三昧。若人具二三昧，如地有種，能含藏長養，成就其實。」馬祖示衆：「道不用修，但莫污染，何爲污染？但有生死心造作趣向，皆是污染。若欲直會其道，平常心是道。何謂平常心？無造作，無是非，無取捨，無斷常，無凡聖。」我們凡夫就是不平常，舉心動念，皆有乖平常，庸人自擾。心一平常，自然成就三身、四智。又源律師問大珠慧海禪師：「和尚修道，還用功否？」師曰：「用功。」曰：「如何用功？」師曰：「飢來喫飯，困來即眠。」曰：「一切人總如是同師用功否？」師曰：

「不同。」曰：「何故不同？」師曰：「他喫飯時，不肯喫飯，百種須索；睡時不肯睡，千般計較，所以不同也！」律師杜口。言淺意深，描盡衆生的嘴臉。又無住禪師常以三法教人：無憶、無念、莫妄。無憶即戒，無念即定，莫妄即慧。尤強調無念之重要：無念即無生，無念即無滅，無念即無男，無念即無女，無念即無是，無念即無非；正無念之時，無念不自。的確吾人若能離念，則三心際斷，何處不是自己。

禪宗主接上根，兼被中下；上上根不假方便，其次便不能無善巧了，於是遂有一千七百公案之興。末法時代，根機愈趨鈍駑，即此一千七百公案亦多不能適用。現今禪宗唯一流行的是看話頭，以看念佛是誰最爲普遍，然由於不得法故，悟道者極稀。念佛一法，禪宗很早即已採用，以專心念佛故，穢念轉淨，萬念歸一，念到不念而念，即見本性。其所以要看者，亦頓法之一種，使其提前見性耳。傳燈錄記有一則公案，極值吾人深省：有座主念彌陀名號次，小師喚和尚，及迴顧，小師不對，如是數四，和尚叱曰：「三度四度喚，有什麼事？」小師曰：「和尚幾年喚他即得，某甲才喚便發業。」故念佛必須念到心不外緣，疑情才易起，因緣時節到來，如夢忽醒，悟得能念、所念都是這個。

禪宗之能頓悟，善知識固然重要，本身亦應痛下苦功！初心學人必須從以下數點著手：一、持戒：禪宗持戒，稍別於聲聞的著重於身口二支，而特重於意業。意業不淨，則內擾外攘，功夫不能相應。二、觀心：凡夫所以執迷不悟，在認妄爲真，故須在根本上著手。經云：「觀心者究竟解脫。」禪教皆藉觀心而獲解脫。先粗後細，妄念漸歇，即與禪宗呵爲一氣矣。三、歇念：歇妄乃顯真，此與觀心殊途同歸。即不思善，不思惡，念起便休，遇緣便歇。換句話說即放下。華嚴經偈：「心不妄想過去法，亦不貪著未來事，不於現在有所住，了達三世悉空寂。」可供參禪人做座右銘。四、長遠心：吾人多劫遊戲六塵，今始回頭，自然障礙重重，所以不能一曝十寒，亦不能操之過急，不緩不急。古德說：「本有之性以歲月磨之，無不悟者。」實至理名言。但不繼續污染，則薪盡火滅，佛性自然現前。即使今生不悟，來世也省許多心力。故參禪具長遠心，爲最不可缺。以上四點吾人如奉行不闕，必漸能昇堂入室。

末了，須順便一提的，即禪宗雖係成佛捷徑，但在衆生根機大非昔比，禪宗善知識寥若晨星的今天，不應過偏於頓法的闡揚，應與教下攜手合作，並行不悖，一改以往互相詆譭的陋習。過去禪宗譏教下爲入海算沙，尋文滯句，不識主客，强認前塵，以流注生滅心自爲知解。教下則目禪宗爲啞羊僧，顢頇佛性。實則，是則總是，非則皆非，全在於是否契機，與修行得法。如契機，與修行得法，教下人一樣因指見月，通教通宗；宗門也決定能得無師之智，發無邊辯才。如不契機，與修行不如法，則俱難免入海算沙與啞羊之譏。

（載民國五三年「海潮音」刊第四十五卷七月號）

2 但盡凡心，莫求聖解

佛法深廣猶如大海，無量無邊；亦復至簡至易，即在當人眉睫上，蓋所謂愈繁而愈簡，愈多而愈約。此所以禪宗立教外別傳，主張以心傳心，頓悟成佛。本來至理亡言，如法華經所說的：「是法非思量分別之所能解。」所有言說，皆是方便誘導衆生，非究竟義。頓悟之義在大乘經論中多有所見，祖師大德多有闡明。茲略引證如後：華嚴經說：「不如一念緣起無生，超彼權學三乘。」華嚴論說得更明白：「……須彌在大海中，高八萬四千由旬，非手足攀緣可及，以明八萬四千塵勞山住煩惱海；衆生有能於一切法無思無爲，即煩惱自然枯竭，塵勞成一切智之山，煩惱成一切智之海。若更起心思慮，即有攀緣，即塵勞愈高，煩惱愈深，不能以至諸佛智頂也。」清涼國師云：「心本是佛，妄起爲生，一念妄心不生，何爲不得名佛。」六祖慧能云：「若起真正觀照，一念即至佛地。」類此倡說，不勝枚舉。

頓悟義既立，首先要使衆生起信！信者信自心是佛，古德悲心殷切，除了引經據典外，或棒或喝，或語或默，乃至呵佛罵祖，種種譬喻，來指點學人迷津，現在引錄幾則淺而易曉的古德開示，來增强我們的信心：

雪峯義存上堂：「汝等諸人，猶如飯籮邊坐餓死人，臨河渴死漢。」

玄沙師備更進一步形容：「飯籮裡坐餓死漢，水裡沒頭浸渴死漢。」

雲門文偃說得更妙，他說：「通身是飯，通身是水。」

如雪峯、玄沙二尊宿所說，尚須要舉手開口之勞，而雲門說通身是飯通身是水，不是明明告訴我們一切現成嗎？

唐、宋時衆生多上根利智，譬如癰熟易刺，善知識開示直截了當，不滯葛藤，茲舉馬祖、石頭二老的話爲證：

馬祖開示天王道悟：「識取自心，本來是佛，不屬漸次，不假修持，體自如如，萬德圓滿。」天王言下大悟。

僧問石頭：「如何是解脫？」石頭答：「誰縛汝？」復問：「如何是淨土？」答：「誰垢汝？」復問：「如何是涅槃？」答：「誰將生死與汝？」

禪宗有名的一花開五葉，都出二老門下：馬祖出八十四員善知識，後開臨濟、潙仰二宗。石頭亦不多讓，子孫綿延，曹洞、雲門、法眼皆嗣其宗風。大善知識出言不凡，迥出常格，使人羨煞敬煞。

佛法原極爲平易，所謂但盡凡情，別無聖解，擬用絲毫功力，早已千里萬里沒交涉！如雲門示衆：「擬心即差，況復有言；莫是不擬心麼，更有什麼事！」又說：「我向汝道直下無事，早是相埋沒了也！爾若實未得個入頭處，且中私獨自參詳，除卻著衣、吃飯、屙屎、送尿，更有什麼事，無端起得如許多般妄想作麼？」

與這個開示可以互相發明的，尚有另外一個公案：開善道謙參圓悟、大慧，大慧令謙往長沙，通紫巖居士書，謙自謂我參禪廿年無入頭處，更作此行復廢歲月，意欲無往。友人宗元者，叱之曰：「不可在路便參禪不得也，去，吾與汝俱往。」謙不得已而行。在路泣語元曰：「我參禪殊無得力處，今又途中奔波，如何得相應處？」元曰：「你但將諸方參得底，悟得底，圓悟、妙喜為你說得底，都不要理會，途中可替底事我盡替你，只有五件事替你不得，你須自家支當。」謙問五件何事？元曰：「著衣、吃飯、屙屎、放尿、駝個死屍路上行。」謙於言下領旨。

禪為佛心，教為佛口，禪教畢竟無二，如菩薩法句經云：「若起精進心，是妄非精進；但能心不妄，精進無有涯。」這段經文和上述善知識開示，其含意完全一樣。

衆生雖久淪生死，妄想濃厚，但現前一念，仍與諸佛覿體無二，若離前塵緣影分別，即一切現量具足。如楚方禪師示衆：「諸人十二時中，不要錯用心好，頭上是天，腳下是地，朝明夕晦，水綠山青，物象分明，亙古亙今，若恁麼承當去，早是無事起事，那更言中求玄，句裡尋妙，正是埋沒自己，不如歸堂吃茶去。」好一幅無事圖！但易中有難：要無事早已事生，要承當早已蹉過了。何以如此，蓋吾人真心廓徹靈明，不容造作，不假方便；要無事，要承當不都是造作與方便了嗎？

衆生都是真性緣起，妄想雖有差別，而本體無二，如金剛經說：「是法平等，無有高下。」故欲得親切，第一不用外求，求而得之已落解會，一念回光，當體聖心。茲舉例如後：大珠慧海初參馬祖，祖問從何處來？珠答從越州大雲寺來。祖曰：「來此擬須何事？」答：「來求佛法。」祖曰：「我這裡一物也無，求什麼佛法；自家寶藏不顧，拋家散走作麼？」珠問：「阿那個是慧海寶藏？」祖答：「即今問我者，是汝寶藏，一切具足，更無欠少，使用自在，何假外求。」大珠于言下自識本心，不由知覺，踴躍禮謝。

衆生背覺合塵，起種種妄想，受種種形，非天授，非人與，皆由自作，正報如此，依報的山河大地、怨親憎愛，乃至老死苦惱，亦皆業力所感，妄念變起，如翳眼見空花，幻作幻受。今欲還源，無如無念，如能無念，則千差萬別一時同，純一自心矣。唐朝禪宗發達，禪德各出手段，其中慣以「無念」誨人的當推無住禪師。茲舉其開示一段：慶州慕容長史夫人並女，志求大乘，舉家相隨，來禮無住禪師。

無住為說法要，其女聞說，合掌胡跪啓和尚：「弟子女人，三障五難，不自在身，今故投和尚擬截生死源，伏願和尚指示法要。」即為開示：「無念即無男，無念即無女，無念即無障，無念即無礙，無念即無生，無念即無死；正無念之時，無念不自，即是截生死之源。」女人聞說，目不瞬動，立不移處，食頃間。和尚知此女有決定心，為取法號曰：『常精進』。

學人如不能直下悟入，古德則用旁敲側擊的方法，使其迴光返照，使其在不知不覺中，見到自己本來面目。如：雲居道膺見一僧在房內看經，乃隔窗問：「闍黎！念者是什麼經？」僧對：「維摩經。」雲居曰：「不問維摩經，念者是什麼經？」其僧有省。雲居不愧為一千五百人的善知識，以同樣兩句：「念者是什麼經？」輕而易舉的使該僧悟入。

又如：洞山因普請次，巡寮去，見一僧不赴普請，洞山乃問：「爾何不去？」僧云：「學人不安。」洞山曰：「爾尋常健時，何曾來去！」這則和前段有異曲同工之妙。

又如：雙峯古禪師參先峯，峯問：「大德什麼處住？」雙峯答：「城裡。」曰：「尋常還思老僧否？」答：「常思和尚，無由禮覲。」先峯曰：「祇這思底便是大德。」雙峯從此領旨。真是：踏破鐵鞋無處尋，得來全不費工夫；善知識于衆生恩惠大矣。

又如：證悟禪師凡見僧必問：近日如何？僧擬對，即拊其背曰：「不可思議。」將示寂，衆集，復曰：「不可思議。」乃合掌而終。不可思議即不得分別，不分別則四相俱泯，靈光獨耀。就唯識解：前五識和第八識唯現量，第七識唯非量，第六識通三量（即現量、比量、非量），不分別即六七識不行，六七不行，則五八現量一切具足，一切現成矣。

一切法皆是佛法，生產事業與實相不違；乃至揚眉瞬目，咳唾掉臂，無不是祖師西來意，如能於此體會，則較之蒲團上冷坐，閉目藏睛，不善用功者，功效超過多矣。古德在這方面的開示很多，茲舉例如後：

圓悟禪師開示：「若具大根器，不必看古人言句公案，但只從朝起，正卻念、靜卻心，凡所指呼作爲一番，作爲一番再更提起審詳——看從何處起？是個什麼物？作爲得如許多？當塵緣中一透，一切諸緣靡不皆是！何待撥剔！即此便可超宗越格，於三界火宅中，變化成清淨無爲、清涼大道場也！」

玄沙與韋監軍喫果子，韋問：「如何是日用而不知？」師拈起果子曰：「喫。」韋喫果子了，再問之，師曰：「只這是日用而不知。」

龍潭崇信依天皇道悟，一日問曰：「學人自到來，不蒙指示法要。」皇曰：「自汝到來，吾未嘗不指汝心要。」潭曰：「何處指示？」皇曰：「汝擎茶來，吾爲汝接；汝行食來，吾爲汝受；汝和南時，吾便低頭，何處不指示心要？」潭低頭長久，皇曰：「見則直下便見，擬思即差。」龍潭當下當解。復問：「如何保任？」皇曰：「任性逍遙，隨緣放曠，但盡凡心，別無聖解。」

羅漢琛見僧，舉拂子示之曰：「還會麼？」曰：「謝和尚慈悲示學人。」羅漢曰：「見我豎拂子，便云示學人，汝每日見山見水，可不示汝？」又見僧來，舉拂子，其僧讚歎禮拜。羅漢曰：「見我豎拂子，便禮拜讚嘆，那裡掃地豎起掃帚，爲什麼不讚嘆？」

有類衆生喜分析，分別心强，善知識不得不略垂方便，以有言顯無言，以生滅顯不生滅，如：

僧問仰山：「禪宗頓悟畢竟入門的意如何？」仰曰：「此意極難，若是祖師門下上根上智，一聞千悟得大總持；其有根微智劣，若不安禪靜慮，到這裡總須茫然。」僧復問：「除此一路，別更有入處否？」仰曰：「有。」曰：「如何即是？」仰曰：「汝是甚處人？」僧答：「幽州人。」仰曰：「汝還思彼處否？」曰：「常思。」曰：「能思者是心，所思者是境；彼處樓臺林苑，人馬駢闐，汝反思底還有許多般也無？」僧言下有省。

又如：師靜上座因僧問：「弟子每當夜坐，心念紛飛，未明攝伏之方，願垂示誨。」乃答之曰：「如或夜間安坐，心念紛飛，卻將紛飛之心以究紛飛之處，究之無處，則紛飛之念何存；反究究心，則能究之心安在。又能照之智本空，所緣之境亦寂；寂而非寂者，蓋無能寂之心也，照而非照者，蓋無所照之境也。境智俱寂，心慮安然，外不尋枝，內不住定，二途俱泯，一性怡然，此乃反源之要道也。」

此土衆生耳根較利，所以楞嚴會上，廿五聖各述所得時，觀音耳根圓通最受推崇。禪德觀機逗教，在這方面的開示頗不乏見，玆舉二例：

保唐無住禪師與相國杜鴻漸論道次，值庭樹鴉鳴，相國問師：「聞否？」無住曰：「聞。」鴉去已，相國又問：「聞否？」答：「聞。」相國問曰：「鴉去無聲，云何言聞？」無住乃普告大衆：「佛世難值，正法難聞！各各諦聽：聞無聞有，非關聞性；聞性本來不生，何曾有滅！有聲之時，是聲塵自生，無聲之時，是聲塵自滅；而此聞性，不隨聲生，不隨聲滅！悟此聞性，則免聲塵之所轉；當知聞無生滅，聞無來去。」相國與僚屬大衆，皆稽首歎服。

高麗普照禪師修心訣文：「……且入理多端，指汝一門令汝還源！汝還聞鴉鳴、雀噪之聲麼？曰：聞。曰：汝返聞汝聞性還有許多聲麼？曰：到這裡一切聲一切分別俱不可得。曰：奇哉！奇哉！此是觀音入理之門！我更問爾：爾道到這裡一切聲一切分別總不可得，既不可得，當伊麼時，莫是虛空麼？曰：元來不空，明明不昧。曰：作麼生是不空之體？曰：亦無相貌，言之不可及。曰：此是諸佛諸祖壽命，更莫疑也……。」

禪宗單提向上，以心傳心，立教外別傳，對教義不大重視，由於觀點不同，禪教時起諍論。覈實論之，禪宗不立文字，是利弊參半的：利根衆生曉了自心是佛，凡情聖解一齊放下，所謂我無一切心，何用一切法？既然明心見性，無分別智現前，一切佛法無不具足。鈍根衆生其失非小，有道心的，聽説禪宗不立文字，便即撥棄經教語錄，黑山鬼窟下閉目藏睛，以識心胡亂揣度，盲修瞎鍊；結果凡情愈熾，習氣越深。無道心者，藉參禪爲護身符，呵律毀教，造成了「世緣中事與道無妨，律檢教門有違向上。」的弊病，間接影響到正法流傳。其實禪宗大德並不反對看經教，只是强調不要依文解義，處處要消歸自心，慎防依他作解，塞自悟門。如百丈大師云：「夫讀經看教語言，皆須宛轉歸就自己，但是一切言教，祇明如今鑒覺自性！但不被一切有無諸境轉，是汝導師；能破一切有無諸境，是金剛慧。即有自由獨立分。若不能恁麼會得，縱然誦得十二韋陀典，衹成增上慢，卻是謗佛，不是修行……。」又如中興臨濟宗的大慧杲說：「參禪人看經教及古德入道因緣，但虛卻心，不要向聲名句義上求玄、求妙、求悟入；若起此心，即障卻自己正知見，永劫無有入頭處……苟能於經教及古德入道因緣中，不起第二念，直下知歸，則於自境界、他境界，無不如意，無不自在者。」古來很多禪宗大德，即因善解經義而獲益的，如法融閱大部般若曉達真空；六祖聞金剛經頓悟自心；永嘉閱維摩經而發明心地；玄沙研楞嚴經機鋒捷出等是。

更進一步說，一切法皆是佛法，看經教自亦不例外！茲舉大慧杲的話，來證明看經教，不但不妨礙參究，而且有幫助：「看經教及古德入道因緣，心未明了，覺得迷悶沒滋味，如咬鐵橛相似時，正好著力，第一不得放捨，乃是意識不行，思量不到，絕分別、滅理路處。尋常可以說得道理，分別得行處，盡是情識邊事，往往多認賊爲子，不可不知也。」正當迷悶時，舉個：「誰？」看看是什麼東西？這種方法很妙。

又看經教由於精神貫注故，雜念較少，心注一境，正好用功。用功的方法，可以依照上述雲居問僧：「念者是什麼經？」一問一答，完全依法泡製，不要作意，或起悟入之心，一切但尋常，只管反照。如果能夠在閱讀得津津有味時，欲罷不能時，猛一回光，提起前話，收效尤大；便能悟得六祖所云不是風動，不是幡動，仁者心動的道理。

禪宗主自力，淨土宗重他力，兩者由於立論不同，時起爭端。永明壽以後，禪宗大德鑒於衆生根機大非昔比，乃提倡禪淨雙修。爲調和兩宗間的矛盾，標示：「唯心淨土，自性彌陀。」提倡禪淨雙修的禪德復分兩派：一派認爲一期命終，業識未盡，必定受生，不生彌陀淨土，更生何方。因此主張往生西方淨土。另一派堅主唯心淨土：心淨則國土淨，不相信有西方淨土。如或一期命終，業識未盡，則保持正念，或提撕話頭。安然投胎。要之，若能真參實修，一旦豁然，則知：尋常計較安排底是識情，怕怖憧惶底亦是識情，皆是意識作祟，本來無事。

禪德鑒於末法衆生業障深重，妄想濃厚，乃提倡念佛法門，甚至貶禪揚淨，參禪的看了或會憤憤不平；其實歸源無二，禪淨都是假名詞，只要衆生能得利益，又何彼此之分！憨山大師是真正做到了這一點，如他老人家說：「世人但知祖師門下以悟爲上；悟心本意要出生死，念佛豈不是出生死法耶？參禪者多未必出，而念佛者出生死無疑。所以然者，參禪要離想，念佛專在想；以衆生久沈妄想，離之實難，若即染想而變淨想，是以毒攻毒博換之法耳！故參禪難悟，念佛易成。若果爲生死心切，以參究心念佛，又何患一生不了生死乎！」

衆生不異佛，佛不異衆生；迷自心故作衆生，悟自心故作佛。身口意清淨佛出世，身口意不淨佛滅度；生佛的差別在于迷悟。要轉迷爲悟，必須蕩滌妄想，清淨身口意三業，這是天然的定律，猶如瞋時無喜，喜時無瞋。如臨濟大師說：「爾要與祖佛不別，但莫外求：爾一念心上清淨光，是爾屋裡法身佛；爾一念心上無分別光，是爾屋裡化身佛……」佛法至簡至妙，所謂不自欺即是！但盡凡心，莫求聖解。又真修者，不得勤、不得怠，勤則近執著，怠則落無明。如或參禪中途遇障，或感茫然無從下手時，不需要著急，不必挺胸怒目，但盡情放下，莫記莫憶，時時以生死爲念，妄想習氣起時，切莫讓其相續，久而久之，妄盡真現，譬如雲消月現，參禪便可得心應手了。

（載民國五五年「獅子吼」刊第五卷十月號）

3 坐脫立亡的榜樣

人生八苦，所謂生、老、病、死、愛別離、怨憎會、求不得、五蘊熾盛。八苦之中，死苦爲最，古德譬之：「烏龜脫殼，螃蟹落湯。」溈山大師所著的警策文中形容：「臨行揮霍，怕怖慞惶，縠穿雀飛，識心隨業，如人負債，強者先牽，心緒多端，重處偏墜。」又如歐洲某一皇帝於臨終時嚷著：「光明！光明！……傾朕所有，換取最後一線光明……。」死生之事亦大矣！所以天資敏睿之士，往往爲之哀歎傷感，不能自已，甚至捨棄國城妻子，遁跡山林，冀求解脫；世間之所以產生哲學家、宗教家即根源於此

各種宗教、哲學，都有其一套理論，但相形之下，即優劣判然。我們可以自豪的說：要解決生死問題，捨佛教莫屬。佛教不徒托空言，有嚴密的教理，有內心的契證，還有事實的表現。人證、物證俱在，斑斑可考。茲引錄唐宋高僧大德遊戲生死，臨終翕然脫去的事

跡，來證明此言不虛。爲便於檢閱，彙爲八類：一至五，著重於記載高僧來去自如，異於常人的地方；六至八，更附帶說明正知正見的重要性：否則，雖能坐脫立亡，仍不足取法。

一、預報終期　首山省念禪師：依風穴得悟。淳化三年十二月四日午時，上堂說偈：「今年六十七，老病隨緣且遣日，今年記卻來年事，來年記著今朝日。」至四年，月日無爽前記，上堂辭衆，仍說偈曰：「諸子漫波波，過卻幾恆河，觀音指彌勒，文殊不奈何。」良久曰：「白銀世界金色身，情與無情共一真，明暗盡時都不照，日輪午後示全身。」日午後，泊然而化。闍維得五色舍利。塔於首山。一年之前預報終期，且日時無爽，如非十二時中打成一片，是很難做得到的。

馮濟川居士，參佛眼、大慧悟入。二十三年秋乞休致，預報親知，期以十月三十報終。至日，令後廳置高座，見客如平時；至辰巳間，降階望闕肅拜，請漕使攝郡事，著僧衣履、據高座，囑諸官吏道俗，各宜向道，扶持教門，建立法幢，遂拈拄杖按膝，泊然而化。漕使請曰：「安撫去住如此自由，何不留一頌，以表罕聞？」公張目索筆書曰：「初三十一，中九下七，老人言盡，龜哥眼赤。」竟爾長往。佛法非傲倖可得，此老之能來去自由，有賴於平時的精進不懈，據傳云：「公後知邛州，所至宴晦無倦，嘗自詠曰：公事之餘喜坐禪，少曾將脅到床眠，雖然現出宰官相，長老之名四海傳。」由此可見一斑。

二、卻留累日　洞山良价禪師，遊方見南泉、雲巖，深領玄旨。唐大中末於新豐山大行禪法，後盛化豫章高安洞山。將圓寂，僧問：「和尚違和，還有不病者也無？」師曰：「有。」僧復問：「不病者還看和尚否？」師答：「老僧看時不見有病。」師乃問僧：「離此殼漏子，向甚麼處與吾相見？」僧無對。師示頌曰：「學者恆沙無一悟，過在尋他舌頭路，欲得忘形泯蹤跡，努力慇懃空裡步。」乃命剃髮、澡身、披衣，聲鐘辭衆，儼然坐化。時大衆號慟，移晷不止，師忽開目，謂衆曰：「出家人心不附物，是真修行，勞生惜死，哀悲何益。」復令主事辦愚痴齋，衆猶戀慕不已，延七日食具方備，師亦隨衆，齋畢，乃曰：「僧家無事，大率臨行之際，勿須喧動。」遂歸丈室，端坐長往。時當唐咸通十年三月。宋・贊寧著高僧傳贊云：「如价之來去自由者，近世一人而已。」

上方遇安禪師，閱首楞嚴經到：「知見立知，即無明本，知見無見，斯即涅槃。」破句讀爲：「知見立，知即無明本，知見無，見斯即涅槃。」悟入，時謂之安楞嚴。至道元年春，將示寂，法嗣蘊仁侍立，師說偈示之曰：「不是嶺頭攜得事，豈從雞足付將來，自古聖賢皆若此，非吾今日爲君裁。」付囑已，澡身、易衣、安坐，令舁棺至室，良久自入棺。經三日，門人啓棺，睹師右脅吉祥而臥，四衆哀慟。師乃再起，陞堂說法，呵責垂誡：「此度更啓吾棺者，非吾之子！」言訖，復入棺長往。古德說：「安師不但讀楞嚴破句，示寂亦破句。」

三、坐脫立亡　五臺山隱峯禪師，屢參馬祖、石頭法席，後於馬祖言下相契；平生多有顯異事跡。將示滅，先問衆曰：「諸方遷化，坐去臥去，吾嘗見之，還有立化也無？」答：「有。」復問：「還有倒立者否？」答：「未嘗見有。」師乃倒立而化，亭亭然，其衣順體。時衆議舁就茶毗，屹然不動，遠近瞻睹，驚歎無已。師有妹爲尼，時亦在彼，乃拊而咄曰：「老兄疇昔不循法律，死更熒惑於人？」於是以手推之，僨然而踣，遂就闍維，收舍利建塔。

行因禪師，居廬山佛手巖。江南李主三召不起，乃堅請就棲賢開堂，不逾月潛歸丈室。一日，示微疾，謂旁僧曰：「日午吾去矣。」及期、僧報日午也，師下床行數步，屹然立化；巖上有一松同日枯槁。李主備香薪茶毗，塔於巖陰。

丹霞天然禪師，依馬祖、石頭悟入。長慶四年告門人曰：「備湯沐浴，吾欲行矣。」乃戴笠、策杖、受履，垂一足未及地而化去。

寶覺宗印禪師，一日普說罷，召衆曰：「諸子未要散去，更聽一頌。」乃曰「四十九年一場熱鬨，八十七春老漢獨弄，誰少誰多一般作夢，歸去來兮梅梢雪重。」言訖，下座倚杖而逝。

仰山慧寂禪師，初謁耽源，已悟玄旨，後參溈山，遂昇堂奧，諸方稱之爲小釋迦。將順寂、午後陞座辭衆，說偈曰：「年滿七十七，無常在今日，日輪正當午，兩手攀屈膝。」言訖，以兩手抱膝而終。

雙峯竟欽禪師，太平興國二年三月，謂門弟子曰：「吾不久去矣，汝可砌箇卵塔。」五月廿三日工畢，師曰：「後日子時行矣。」及期，適雲門爽禪師、溫門舜峯諸老夜話。侍者報三更，師索香焚之，合掌而化。

汾陽善昭禪師，歷諸方見老宿者七十一人，皆妙得其家風，後參首山念，於言下大悟。主汾州太子院，宴坐一榻，足不越閫者三十年。龍德府尹李侯與師有舊，請師主承天。使者三至不赴，使者受罰。復至曰：「必得師俱往，不然有死而已。」師曰：「老病業已不出山，偕往當先後之，何必俱耶？」使者曰：「師諾，則先後惟所擇。」師乃令設饌俶裝，告衆曰：「老僧去也，誰人隨得？」一僧出曰：「某甲隨得。」師曰：「汝日行幾里？」曰：「五十里。」師曰：「汝隨我不得。」又一僧出曰：「某甲日行七十里。」師曰：「汝亦隨我不得。」侍者出曰：「某甲隨得，但和尚到處即到。」師曰：「汝乃隨得老僧。」復顧使者曰：「吾先行矣！」停箸而化，侍者即立化於側。

上來所述坐脫立亡事跡，皆迥出常情；究係何法致之？須知吾人皆具有明妙真心，父母未生前固然淨裸裸、赤灑灑，不立一絲毫，及乎投胎既生之後，亦復淨裸裸，赤灑灑，不立一絲毫，即此四大五蘊身中，有箇暉騰今古，迥絕知見底一段事，若人明見此理，親證此明妙真心，則即生解脫，即能轉物，即不爲父母所生之身所累，且去留在我。

四、舍利無數　真淨文禪師，參黃龍悟入。崇寧元年十月十六日中夜，沐浴更衣，跏趺辭衆。衆請說法，師笑曰：「今年七十八，四大將離別，火風既分散，臨行休更說。」遺誡徒衆畢，泊然而寂。又七日闍維，五色成燄，白光上騰，煙所及皆成舍利，道俗千餘人皆得之，分塔於泐潭、洞山。

隆慶閒禪師，久依黃龍，龍甚讚識之，後主隆慶院，學者爭歸。元豐四年三月七日，告衆將入滅，說偈曰：「露質浮世，奄忽入滅，五十三歲，六七八月，南嶽天臺，松風澗雪，珍重知音，紅鑪優缽。」說偈畢，乃入浴，浴出方以巾搭膝而化，神色不變；爲著衣，手足和柔；髮剃復出。畫工就寫其真，首忽自舉，次日仍平視。太守來觀，願留全身，而僧利儼曰：遺言令化。闍維日，薪盡火滅，跏趺不散，以油沃薪益之乃化。是日雲起風作，飛瓦折木，煙氣所及，東西南北四十里，凡草木沙礫之間，皆得舍利。其色如金，計其所獲數斛。

舍利分全身舍利、碎身舍利。全身舍利乃端形不散如入禪定者；至今尚存的有六祖、雲門、憨山等。碎身舍利係高僧大德圓寂，經火化後，留下堅固不壞狀如顆粒的結晶物；或璨若珠玉，或五色俱備，或大如棗豆；如真淨、隆慶二師荼毗時，煙氣所及，皆得舍利，尚屬罕聞。

五、臨終說法　雲居道膺禪師，依洞山契入；住持三十年，道遍天下，衆至千五百人。南昌鍾王師尊之，願以爲世世師。唐天福元年秋示微疾，十二月二十八日爲大衆開最後方便，敘出世始卒之意，衆皆愴然。越明年正月三日，問侍者今日是幾？對云初三。師云：三十年後，但云祇者是。乃端然告寂。此老悲心之切，感人至深。

太原孚上座，善講涅槃經，因禪者激，徧參諸方；名聞宇內。後歸維揚，陳尚書留在宅供養。一日謂尚書曰：「來日講一徧大涅槃經，報答尚書。」書致齋茶畢，師遂陞座，良久揮尺一下曰：「如是我聞。」乃召尚書！書應諾，師曰：「一時佛在。」便乃脫去。孚上座真是名副其實的現身說法；末後召尚書，書應諾，師曰一時佛在，然後脫去，內中寓理極深，若於此見得，不但與孚上座見面，亦復與十方諸佛見面。若僅佩服其來去灑脫，有負孚上座美意。

雲居道齊禪師，徧歷禪會，後於法鐙會下頓明厥旨。至道三年九月示疾，八日申時令擧鐘集衆，笑敘出家本末，揖謝輔佐叢席者。且曰：「老僧以風火相逼，特與諸人相見，且問甚麼處見，向四大、五陰處見耶？六入、十二處見耶、是種種處不可見，則只今相問者是誰？若真見得，可謂後學有賴。」良久曰：「吾化後，當以院事累（僧）契瓌。」乃化。

世奇首座，依佛眼，眼命分座，辭曰：「此非細事也，如金鍼刺眼，毫髮若差，晴則破矣：願生生居學地而自鍛鍊。」暮年，學者力請，不容辭，因說偈曰：「諸法空故我心空，我心空故諸法同，諸法我心無別體，祇在而今一念中。且道是那一念？」衆罔措，師喝一喝而終。佛法難則極難，易則極易。難則如金鍼刺眼，毫髮若差，晴則破矣；易則祇在而今一念中，不須臾而離。蘇東坡遊廬山詩：「不識廬山真面目，祇緣身在此山中。」來比喻之，允稱恰當。

祥菴主，居蓮花峯。示寂日，拈拄杖示衆曰：「古人到這裡爲甚麼不肯住？」衆無對，師乃曰：「爲他路途不得力。」復曰「畢竟如何？」以杖橫肩曰：「楖櫟（拄杖）橫擔不顧人，直入千峯萬峯去。」言畢而逝。

六、指點透關　紙衣道者，參曹山，山問：「莫是紙衣道者否？」師曰：「不敢。」山問：「如何是紙衣下事？」師曰：「一裘纔挂體，萬法悉皆如。」曰：「如何是紙衣下用？」師近前應：「諾。」便立脫。山曰：「汝祇解與麼去，何不解恁麼來？」師忽開眼問曰：「一靈不假胞胎時如何？」山曰：「未是妙。」師曰：「如何是妙？」山曰：「不借借。」師珍重便化。

道祖首座，初見圓悟，於即心即佛語下發明。久之，悟命分座，一日為衆入室，師忽問曰：「生死到來，如何回避？」僧無對，師擲下拂子，奄然而逝，衆皆眙愕；悟聞至召曰：「祖首座！」師張目視之，悟曰：「抖擻精神透關去！」師點頭，竟爾趨寂。

世尊說善知識是全梵行，觀此益見不謬。

七、著重見地　九峯不許首座：九峯道虔為石霜侍者，洎霜歸寂，衆請首座繼住持，師白衆曰：「須明得先師意始可。」座曰：「先師有甚麼意？」師曰：「先師道休去、歇去、冷湫湫地去、一念萬年去、寒灰枯木去、古廟香爐去、一條白練去；其餘則不問，如何是一條白練去？」座曰：「這箇祇是明一色邊事。」師曰：「元來未會先師意在。」座曰：「你不肯我耶？但裝香來，香煙斷處，若去不得，即不會先師意。」遂焚香，香煙未斷，座已脫去；師拊座背曰：「坐脫立亡即不無，先師意未夢見在。」

雲居不許住菴道者：雲居道膺曾令侍者送袴與一住菴道者，道者曰：「自有孃生袴。」竟不受。師再令侍者問：「孃未生時著箇甚麼？」道者無語。後僊化有舍利持似師，師曰：「直饒得八斛四斗，不如當時下得一轉語好。」

佛法大非細事，唯明眼人洞燭其幽微！所謂如來三昧辟支不識，辟支三昧阿羅漢不識。魯莽承當，則墮增上慢矣。然如首座與住菴道者之行徑亦非小可，雖不中亦不遠；既能坐脫立亡，必能正念托生，不昧正因，來世出頭一聞千悟，這一點是無可疑問的。

八、破除執著　天王道悟禪師，師常云快活快活，及臨終叫苦，又云閻羅王來取我也。院主問曰：「和尚當時被節使拋向水中，神色不動，如今何得恁麼地？」師舉枕子云：「汝道當時是？如今是？」院主無對，師便入滅。大解脫人不見一毫有來去之相，其所以示現種種神通變化，皆為方便度化衆生；院主不見此理，天王曉之。天王可謂善說法者。

翠巖可真禪師，師將入滅，示疾甚勞苦，席藁於地，轉側不少休，詰侍者垂泣曰：「生平呵佛罵祖，今何為乃爾？」師熟視呵曰：

「汝亦作此見解耶？」即起趺坐，呼侍者燒香，煙起遂示寂。此老說法與天王如出一轍；金剛經說：「若以色見我，以音聲求我，是人行邪道，不能見如來。」翠巖示現，詰侍者當實法會；翠巖呵侍者，亦即呵當時人一般的見解。

宗本圓照禪師，元符二年十二月甲子，將入滅，沐浴而臥，門弟子環擁請曰：「和尚道滿天下，今日不可無偈，幸强起安坐。」師熟視曰：「痴子！我尋常尚懶作偈，今日特地圖箇甚麼？尋常要臥便臥，不可今日特地坐也。」索筆大書曰：「後事付守榮。」擲筆憨臥，撼之已去矣。馬祖說平常心是道，此老臨終亦以平常心示衆。佛法雖奧妙，不出平常心三字。

清遠佛眼禪師，久依五祖演，後閱傳燈錄至破灶墮因緣大悟。宣和二年書雲前一日，飯食訖，趺坐，謂其徒曰：「諸方老宿臨終必留偈辭世，世可辭耶？且將安住？」乃合掌，怡然趨寂。如冰融水，師得其所矣。

南泉普願禪師，研習毗尼，久歷講肆，參馬祖頓然忘筌；憩錫池陽，不下南泉三十餘載，諸方目為郢匠。臨終時告門人曰：「星翳燈幻亦久矣，勿謂吾有去來也。」言訖而逝。

德山宣鑒禪師，參龍潭大悟；與臨濟齊名，聲震諸方，稱之為「德山棒、臨濟喝」；學人多在其棒下開悟。示疾時，僧問：「還有不病者也無？」師曰：「有。」復問：「如何是不病者？」師曰：「阿哪，阿哪。」師復告衆曰：「捫空追響，勞汝心神，夢覺覺非，竟有何事。」言訖，安坐而化。以夢形容人生，最恰當不過：夢時非無，夢醒非有。

佛法真俗圓融，互不為礙；清淨性中雖無動搖，而不壞方便應用及興慈運悲，如是興運之處，即全清淨之性。古德示現坐脫立亡，意在接引衆生，使之對佛法發生信仰，內心不起絲毫執著；但後人執為實法，往往以知識臨終的表現，來衡量其修持功夫如何。此弊既生，天王、翠巖諸老乃起而挽之。要而言之，佛法在深奧中復歸平常，故世尊右脅示寂，古德如忠國師、趙州等亦然。雖然平常，卻又大非易事，如石霜會下首座，剋期坐脫，仍未能窺見其真。明乎此，則對古德坐脫立亡，除了敬仰外，也就不會起執著了。

（載民國五四年三月一日香港佛教月刊）

4 獅山楹聯選

獅頭山自開山迄今垂百年，於其中間，高僧蒞止，雅士萃集，遂使道風與文風競播，名聞遐邇。這裡謹錄幾首楹聯，以見前賢遺風，和茲山道範。

饒益院

洞中常入靜
衣上不沾塵

紫陽門

塵外不相關幾閱桑田幾滄海
胸中無所得半是青山半白雲

金剛寺

山靜雲閒如是機緣如是法
鳥啼花放爾時休息爾時心

海會庵

海水湧金波潮去潮來不生不滅
會臺懸玉鏡鑑今鑑古是色是空

輔天宮

大丈夫隻手撥開生死路
奇男子雙眉皺裂利名關

元光寺（山門）

詣菩提場趨寂滅殿
登圓通路入解脫門

福海塔

法門纔入登初地
空性圓明本不生（一層）
到此漫誇開隻眼
澈知還得上高層（二層）
正等正覺成無上

脫塵脫根解始圓（三層）

（載民國六〇年七月十一日覺世旬刊）

5 戒壇偶錄

△諸法所生，唯心所現。現前萬象紛紜，皆是衆生迷真逐妄，真心中所現的影子。因有散亂、昏沈，故感白日、黑夜；因有恩愛牽纏，故感父子、夫婦，相續不斷；因有瞋、嫉煩惱，故感干戈相向，世界不安寧；復因厭苦思欲出離，故感得大覺世尊出現世間，爲說妙法。此中道理，若非夙具善根，難以體會。屏東東山寺傳授第二次護國千佛大戒，男女戒子將近三百人，濟濟一堂同求大法，斯世而有斯盛事，宜爲佛法和衆生慶。

△上堂，在戒期中爲重要的一環，三師上堂說法，各具手眼，或直舉人心，或真俗並舉，美不勝收。古人在這方面留有很多寶貴法語，茲錄兩則：

薦福承古禪師上堂：「行腳人面前難爲啓口！說個不於佛求，不於法求，不於僧求，俯爲脫白行者；直饒毀於佛，謗於法，不入衆數，猶是祖師門下掃灑之徒；直饒坐斷世界，函蓋十方，身相圓容，互爲主伴，該羅萬有，周遍含容，雖是圓家極唱，祖師門下以爲弄影之徒！是故老僧云：三世諸佛仰望不及，天下祖師結舌有分。諸仁者！若肯，未具行脚眼在；若也不肯，亦未具行脚眼。且道作麼生是行脚眼？參！」又：德山禪師上堂更爲直截了當：師上堂，有僧禮拜，師便打，僧曰：某甲始禮拜，爲什麼便打？師曰：待汝開口，堪作什麼？（以上直指人心）

薦福承古禪師上堂：「大衆！昨日施主齋會，僧道威儀濟濟，俗士禮樂鎗鎗，供養擬然，香花羅列，如此一筵勝事，且道今日甚麼處去也？若知得來處，即知去處，方不被因果所拘，於諸法中而得自在；汝若向刀山，刀山自摧折，汝若向火湯，火湯自消滅，方能放蕩逍遙，有何罣礙！若也未了，萬法所拘，無由解脫，可謂業識茫茫，觸途成滯，若遇惡境現前，如何消遣？古人道：努力今生須了卻，莫教永劫受餘殃。」（真俗並舉）

善知識是全梵行，能令衆生明見佛性，像右述法師說法，即使日以千金供養，亦能消受得了。惜時至今日，大家都失去虔誠恭敬之心，一提到「上堂齋」都往「經濟」上會去了。

△「不殺生，殺生則斷慈悲種；不偷盜，偷盜則斷喜捨種；不淫欲，淫欲則斷解脫種；不妄語，妄語則斷真實種；不飲酒，飲酒則斷智慧種；不瞋鬥，瞋鬥則斷忍辱種；不退菩提心，退失菩提心則斷滅佛種。如上七戒，或缺漏破犯，斷此七種清淨出世間種子；或保護圓滿，則超越三界，現優曇花，續佛慧命。」（中峯禪師因恩禪人受戒示法語）右述法語，言簡意賅，新戒菩薩可錄爲做座右銘。

△「與人相處之道，第一要謙下誠實。同幹事則勿避勞苦，同飲食則勿貪甘美，同行走則勿擇好路，同睡寢則勿占床席。寧讓人，勿使人讓我；寧容人，勿使人容我。寧喫人虧，勿使人喫我虧；寧受人氣，勿使人受我之氣。人有恩於我，則終身不忘；人有讎於我，則即時丟過。見人之善，則對稱揚不已；聞人之過，則絕口不對人言。人

有向你說，某人感你之恩，則云他有恩於我，我無恩於他，則感恩者聞之其感亦深。有人向你說某人惱你、謗你，則云彼與我平日最相好，豈有惱我、謗我之理，則惱我者聞之其怨即解。人之勝似你，則敬重之，不可有傲忌之心；人之不如你，則謙待之，不可有輕賤之意。又與人相交，久而益密，則行之邦家，可無怨矣。」（明。楊繼盛家書）學佛須先學做人，每見一些佛教徒好高騖遠，恆以禪、律自命，但揆其實行，較世間一些正人君子，不逮遠甚！睹楊公家書宜生惕勉焉。（於書記寮）

（載民國六十一年十一月二一日覺世旬刊）

6 參學拾慧

一

至美不華，至言不煩，馬祖即心是佛，南泉平常心是道，無業莫妄想。囊括佛法無遺，此無他，衆生現量個個具足，圓滿無缺，只貴直下承當，其或稍入思惟，即落意識，即違即心之旨，即屬不平常，即屬妄想。大慧杲禪師形容得好：「恰如一件好物十分現成，卻被人雕刻作千般奇怪，以失其真。」故古德於此不多開示；如趙州老人云：「老僧此間以本分事接人，若教老僧隨伊根機接人，自有三乘十二分教接他了也！若是不會，是誰過歟？已後遇著作家漢，也道老僧不孤負他。但有人問，以本分事接人。」趙州晚年即慨歎宗門頹落，宗師接人，葛藤上加葛藤；於今去聖逾遠，葛藤逾甚！此或亦是宗門不振原因之一。

二

至理亡言，不可言宣。但若一向禁絕語言，學人無由得入，故善知識不得不略垂方便，無說而說，說而無說。

僧參藥山：「己事未明，乞和尚指示。」山良久曰：「吾今爲汝道一句亦不難，祇宜汝於言下便見去，猶較些子，若更入思量，卻成吾罪過！不如且各合口，免相累及。」

趙州在東司上（東司即廁所）見遠侍者過，驀召文遠！遠應諾。州曰：「東司上不可與汝說佛法！」

三

經云：「諸法所生，唯心所現。」祖師云：「凡有心分別自心現量者悉皆是夢。」由迷自心故幻起根身器界，於無生中妄見生滅。楞嚴經中有一段形容得很恰當：「譬如有人，以清淨目，觀晴明空，唯一晴虛，迥無所有；其人無故不動目睛，瞪以發勞，則於虛空，別見狂華，復有一切狂亂非相……」此外起信論並以三細六麤作詳盡說明。宗門雖有闡發，而多約略簡捷，唯許上根人領略。如：

僧問曹山：「萬法從何而生？」山曰：「從顛倒生。」僧云：「不顛倒時，萬法何在？」山曰：「在。」僧云：「在什麼處？」山曰：「顛倒作麼？」

四

善知識說法應病與藥，有時掃蕩一切法，有時建立一切法，說有也得，說無也得。昔有俗士問西堂智藏：「有天堂、地獄否？」師曰：「有。」曰：「有佛法僧否？」師曰：「有。」更有多問，盡答言有。士曰：「和尚恁麼道，莫錯否？」師曰：「汝曾見尊宿來耶？」曰：「某甲曾參徑山和尚來。」師曰：「徑山向汝作麼生道？」曰：「他道一切總無。」師曰：「汝有妻否？」曰：「有。」師曰：「徑山和尚有妻否？」曰：「無。」師曰：「徑山和尚道無即得。」俗士禮謝而去。

五

古人根利，復得明師朝夕提撕，悟後動輒二、三十年不雜用心，故出言發語，莫不驚天動地，後學切宜頂戴奉持，不可不自量力妄加增減，招致畫蛇添足之譏。但如有特達超方之士，則不妨加以拈提，不惟不失其真，而且如虎添翼，相得益彰。謹舉兩則於後：

洞山行腳時，會一官人曰：「三祖信心銘，弟子擬注。」洞山曰：「才有是非，紛然失心。作麼生注？」（法眼代云：恁麼則弟子不注也。）

僧問玄沙曰：「是什麼得恁麼難見？」玄沙曰：「只爲太近。」（法眼云：也無可得近，直下是上座。）

六

魏府華嚴示衆：「佛法在日用處，行住坐臥處，喫茶喫飯處，言語相問處，所作所爲處：舉心動念，卻又不是。」以吾人真心昭昭然於耳目間，舉作施爲，皆承渠力。故善會道者但向現前一念覷取；所謂朝朝相似，日日一般，只這便是，更莫別求。善論道者，不以玄妙示人，惟於日用處提撕學人；如昔湛堂參真淨，淨問：「近離什麼處？」堂曰：「大仰。」曰：「夏在什麼處？」堂曰：「大潙。」曰：「甚處人？」堂曰：「興元府。」淨展手曰：「我手何似佛手？」（黃龍勘學人三關語）堂罔措。淨曰：「適來祇對一一靈明，一一天真，及乎道個我手何以佛手，便成窒礙，且道病在什麼處？」堂曰：「某甲不會。」曰：「一切現成，更教誰會！」湛堂服膺之。

七

唐時衆生根利，多能於言下悟入，故參話頭一法，鮮加採用。宋後雖漸加提倡，而初不執著參念佛是誰！如大慧杲開示的：「生從何處來？死向何處去？知得來去處，方名學佛人。知生死底是阿誰？受生死底復是阿誰？不知來去處底又是阿誰？忽然知得來去處底又是阿誰？看此話，眼眨眨地理會不得，肚裡七上八下，方寸中如頓卻一團火相似底，又是阿誰？若要識，但向理會不得處識取，若便識得，方知生死決定不相干！」

又如東瀛普照國師（即我國隱元禪師）示藤資清尚書：「專入禪定者誰？提撕話頭者誰？或時不入禪定者又是誰？不提撕話頭者又是誰？如是參去，忽然看破兩重關，縱橫於天地之間，自由自在，則佛祖不相瞞耳！到與麼時節，再來請吃棒。」

八

三峯禪師淨土詩：「萬事不真悲末法，自家生死也相瞞，彌陀尚把偷心念，不肯真實拚一拚。」果能不偷心念，即此便是主人公，不用更找誰。

九

世出世間不出因果二字，除非不種因，否則一定感果，即使尊貴如佛陀，尚不免要受馬麥、金槍等報（自然，那是受而非受）。此無他，緣起性空，性空緣起，非由造作，而是法爾如是的。傳中記有兩則對答。頗與上意相符：

僧問鎮鐘志澄：「或因普請，鋤頭損傷蝦蟆蚯蚓，還有罪也無？」師曰：「阿誰是下手者？」曰：「恁麼即無罪過。」師曰：「因果歷然。」

有人問光孝院慧覺禪師：「某甲平生愛殺牛，還有罪否？」師曰：「無罪。」曰：「爲什麼無罪？」師曰：「殺一個還一個。」

一〇

學道之人，宜實不宜虛，切忌步步行有，口口談空。如或藐視因果，未得謂得，未證謂證，除了增長業識外，還要受到明眼人檢點，如傳載：

其一、「雲光不事戒律，誌公曰：『出家何爲？』光曰：『吾不齋而齋，食而非食。』後招報作牛，拽車於途，誌公見雲，呼曰：『雲光！』牛舉首，誌曰：『何不道拽而非拽？』牛墮淚，跳號而卒。」

其二、「回頭和尚以左道惑衆，與潤守呂公方食肉，師（淨端禪師）徑趨至，指之曰：『正當與麼時，如何是佛？』回頭窘，無以對，師捶其頭推倒而去。」

一一

魏府華嚴示衆：「時當缺滅，人壽少有登六七十者，汝輩入我法中，整頓手腳未穩，早是三四十年。須臾衰病至，衰病至則老至，老至則死至，前去幾何？尚復恣意，何不初、中、後夜純靜去。」

五祖演云：「世人似發瘧一般，寒一上，熱一上，不覺過了一生矣。」

此兩則語不啻午夜鐘聲，吾輩亟宜警覺矣。

一二

古德云：「佛與衆生無別，但衆生多習氣，佛祖清淨無垢耳。」故學道無他，治習耳。如何治習？但向己覓，莫從他求！大慧杲云：

「學道人逐日但將檢點他人底工夫，常自檢點，道業無有不辦！或喜或怒，或靜或鬧，皆是檢點時節。」

一三

禪宗開悟是否一悟即至佛地？歷來爭論頗烈，然此不可一概而論，須視其悟之深淺，若果真徹底大悟，毫無疑問的所證必與佛齊！何以故？明見佛性時擬議得麼？

一四

古人根利，兼以朝夕念茲在茲，故一遇知識開發，多能於三言兩語下悟入，初無三關，九帶，五位君臣，四種料簡等等施設，今舉一範例如后：

僧參歸宗，問：「如何是佛？」宗曰：「我向汝道，汝還信否？」僧曰：「和尚發誠實言，何敢不信。」宗曰：「即汝便是。」僧曰：「如何保任。」宗曰：「一翳在眼，空花亂墜。」

其或稍有纖滯，迷悟交關，古德多以棒喝，使其歇卻狂心。間亦有形於語言者，如永嘉大師云：「倘顧返成能所。」趙州老人云：「正恁麼時，莫轉頭換腦，若轉頭換腦即失卻也。」等是。

一五

僧問樂普：「飯百千億三世諸佛，不如飯一無修無證者；未審百千諸佛有何過？無修無證者有何德？」普曰：「一片白雲橫谷口，幾多歸鳥夜迷巢。」大凡初機之士，宜勇猛精進，廢食忘寢，念茲在茲，剋治煩惱。久久漸覺調伏，則須聖凡俱泯，回歸平常。蓋吾人真心不屬迷悟，因迷而說悟，如執著開悟，則有如上述所說的一片白雲橫谷口，幾多歸鳥夜迷巢了！惟凡情或易除，聖解最難泯；古德是過來人，於此多有垂語，如：

夾山善會示頌：「明明無悟法，悟法卻迷人；長伸兩腳睡，無僞亦無真。」

永明道潛上堂：「佛法顯然，因什麼卻不會去？諸上座！欲會佛法，但問取張三李四；欲會世法，則參取古佛叢林。」

語雖平淡，而實獅子吼！不惟破盡種種諍論執著，更能照體獨立，五內清涼。然初機之士不宜效顰！否則，隨順無明，認賊爲子，自誤誤人，招謗法咎，其誰過歟！

一六

悟心之人是否還假修持，歷來說法亦是異說紛紜，不一而足。然此亦不宜執著！若執著不修，一悟即煩惱習氣頓消，位登大覺；則二祖酒肆調心，趙州三十年不雜用心，豈皆成多餘耶？且如傳載：

「香林澄遠依雲門十八年爲侍者，門凡接師，則呼曰：『遠侍者！』師應諾，門曰：『是甚麼？』如此者十八年，一日方悟，門曰：『我今更不呼汝矣！』……將示寂，辭知府宋公璫，曰：『老僧行腳去。』通判曰：『這僧風顛，八十歲行腳去那裡？』宋曰：『大善知識去住自由。』歸謂衆曰：『老僧四十年方打成一片。』言訖而逝。」

此即有名的香林四十年打成一片的典故：悟後須加保任，殆無疑問。

若執著悟後須修，見有煩惱習氣可斷，則成心外有法，亦違無念、無作、非修、非證、不歷諸位、而自崇最經意。茲仍引古德對答，來破除此種執著：

「宋、韓侍郎宗古，以書問晦堂：『昔聞和尚開悟曠然無疑，但無始以來煩惱習氣未能頓盡，爲之奈何？』晦堂答曰：『……然心外無賸法者，不知煩惱習氣是何物而欲盡之？若起此心翻成認賊爲子也！從上以來但有言說，乃是隨病設藥，縱有煩惱習氣但以如來知見治之，皆是善權方便誘引之說；若是定有習氣可治，卻是心外有法而可盡之，譬如靈龜曳尾於塗，拂跡跡生，可謂將心用心，轉見病深。苟能明達心外無法，法外無心，心法既無，更欲教誰頓盡耶……』」

總之，佛法奧妙，悟人說修也得，說不修也得；迷人說修不得，說不修更不得。最後謹引潙山大師語作本節結論：「若真悟得本，他自知時，修與不修是兩頭語（不可執著）。如今初心，雖從緣得一念頓悟自理，猶有無始曠劫習氣，未能頓淨（須修），須教渠淨除現業流識，即是修也（保任而非修）；不可別有法教渠修行趣向（非起心作意修也）。

一七

金剛經云：「說法者無法可說，是名說法。」也許由於文義淺顯，大家反而囫圇吞棗，隨嘴誦過，殊失法益。今謹引兩則禪錄，以明斯義：

僧問大珠：「般若大否？」珠曰：「般若大。」曰：「幾許大？」曰：「無邊際。」曰：「般若小否？」曰：「般若小。」曰：「幾許小？」曰：「看不見。」曰：「何處是？」曰：「何處不是！」

僧問仰山：「古人道：見色便見心。禪床是色，請和尚離色指學人心？」師云：「那個是禪床指出來！」僧無語。

一八

百丈云：「凡一切言教，只明如今鑒覺自性。」閱讀經書語錄，皆應處處消歸自心。否則依文解義，尋文數墨，即會感到扞格不入，觸途成滯。如真淨問講師曰：「火災起時，山河大地皆被焚盡，世間虛空是否？」對曰：「教有明文，安有不是之理。」真淨曰：「如許多灰燼將置何處？」講師舌大而乾笑曰：「不知。」真淨亦笑曰：「汝所講者紙上語耳！」

一九

念佛一法，普被上中下根，古德開示，如汗牛充棟，仁者見仁，智者見智。宗門下素喜簡略，主張一念單提，類似「不立文字，直指人心」的作風。今舉覺浪道盛禪師的開示爲例：

「我佛以一切衆生病在多知多見，若更立知見而破知見，反生知見，而病其知見是也。是故但教彼一心持念，不假觀行自成觀行之功，不假破立自成破立之因。若於一心不亂之中，復作念而無念，無念自念等解，不亦大失其一心不亂正言乎？又況以寂照，能所，止觀，是非之名言分別，反惹起他五濁衆生邪見邪緣，而誤其自心清淨現量之正法乎！余所謂念佛之法妙在全提，當人本心自性不可思議威力，使其念念憤烈，時時逼真，自然超越世間，以獲自在殊勝：豈不與教外別傳，不立文字之旨相參哉！」

二〇

永明大師禪淨四料簡，凡稍悉內典者，莫不知之甚詳。四料簡解法，自宋迄今，各方持論不一。主禪者疑四料簡出於後人僞造；主淨者據此認定淨土勝過餘宗。然以客觀判斷，僞造未必，揚淨貶禪、教似亦非大師本意，似應視爲大師的一時方便抑揚之詞。何以故？大師悲佛法分裂，特融會臺、賢、唯識諸家，衡以心宗，作宗鏡錄百卷，使佛法分而復合，當不致復步前賢故轍，厚此薄彼。而且在另一段開示裡曾明言參禪學教利益，與四料簡含義頗有出入：「假使參（禪）

而未徹，學（教）而未成，歷在耳根，永爲道種，世世不落惡趣，生生不失人身，纔出頭來，一聞千悟……。」因此，如執著四料簡，是淨非禪，甚至指禪淨以外諸宗爲無禪無淨土，要「鐵床並銅柱，萬劫與千生，沒箇人依怙。」那真是烏焉成馬，殆非大師本意了。

二一

出家是大丈夫事，非將相所能爲。出家固爲世人所難，參禪一著尤非泛泛根器所可湊泊。故歷來有識之士，莫不殷勲讚歎教乘，不輕易以西來意示人。如蔣山答王安石即其一例：

「王荊公與師（蔣山贊元）遊如昆弟；問祖師意旨，師不答，公益扣之，師曰：『公般若有障三，有近道之質一，更一兩生或得純熟。』公曰：『願聞其說。』師曰：『公受氣剛大、世緣深：以剛大氣遭深世緣，必以身任天下之重，懷經世之志用；舍不能必，則心未平，以未平之心，持經世之志，何時能一念萬年哉。又多怒而學問尚理，於道爲所知愚，此其三也。特視名利如脫髮，甘澹泊如頭陀，此爲近道。且當以教乘滋茂之可也。』公再拜受教。」

溈山亦云：「……若有中流之士，未能頓超，且于教法留心，溫尋貝葉，精搜義理，傳唱敷揚，接引後來，報佛恩德，時光亦不虛棄……。」時屆末法，中流之士亦不可多得，故欲使衆生普霑法益，教較禪猶勝一著。

二二

欲使佛法興，除非僧讚僧。同樣的，欲使衆生普獲法益，惟有各宗相互標榜。故歷來有遠見之士，決不肯揚自黜他，處處必以整個佛法著想。稽之史籍，代不乏人；僧稠禪師即其一：

「北齊文宣帝崇奉僧稠禪師，帝曰：『佛法大宗靜心爲本，諸法師等徒傳法化，猶接囂煩，未曰闡揚，可並除廢。』僧稠諫曰：『諸法師皆是紹繼四依，弘通三藏者；夫使羣有識正邪，達幽微，若非此人將何開導。皆禪業之初宗，趣理之宏教，歸信之漸發蒙斯人。』帝大喜，乃三分國儲，爲國儲，自用，三寶。」

北齊佛法冠絕北朝，豈偶然哉！

二三

六度之中，般若爲最；若僧若俗不修般若，不體究己躬下事，役役有爲，著相修行，來生多爲福業所牽，報在帝王宰官，雖榮極一時，飽享虛名，而終非幸事。其上焉者，一旦憣然驚覺，思欲歸家，而苦於般若緣淺，世緣重重。下舉趙州與馬大夫對答即寓此意：

「馬大夫問：『和尚還修行也無？』師云：『老僧若修行即禍事。』云：『和尚既不修行，教什麼人修行？』師云：『大夫是修行底人。』云：『某甲何名修行？』師曰：『若不修行，爭得撲在人王位中，餧得來赤凍紅地無有解出期！』大夫乃下淚拜謝。」

其下焉者，迷途忘返，爲痴福所牽，廣興諸業，從闇入闇，長淪生死苦海。如大慧杲云：

「教中說作痴福是第三生冤。何謂第三生冤？第一生作痴福不見性；第二生受痴福無慚愧，不作好事，一向造業；第三生受痴福盡不做好事，脫卻殼漏子時，入地獄如箭射！」

但如能淨身口意，發慈悲心，憐孤恤貧，宏揚正法，培植後學，則此福即爲慧所攝；生生得聞佛法，世世招感如意眷屬，亦謂之菩薩發心，殆非痴福可比！

二四

古德言行，若順若逆，皆是破除衆生執著，看似相反而實相成。總之其出發點不出悲與智：智故誓斷無明煩惱，去除愛染，歸涅槃樂；悲故識生佛之一如，隨順世間，不捨方便。下舉二例即可見其一斑：

一、高僧傳三集卷十二從諫傳「……大中初，宣皇詔興釋氏，諫還歸洛邑舊居。其子一日自廣陵來覲，適與諫遇于院門，威貌嚴莊，不復可識，乃問曰從諫大德所居？諫指之東南可尋。其子既去，遂闔門不出。其割裂愛網又若此也。……」

二、禪林寶訓「晦堂曰：『先師（黃龍）進止嚴重，見者敬畏。

衲子因事請假，多峻拒弗從，惟聞省侍親老，氣色穆然，見其顏面，盡禮津遣。其愛人恭孝如此。』」

今人似不善學，或過或不及。不及者視父母如同路人，老病死葬，略不過問，而復擾擾世緣，不能一心辦道，以致引起鄰里譏謗，社會輕蔑，影響佛教聲譽至鉅。其過者，當初即乏決裂之志，貪戀眷屬，念念不捨私情，身雖出家而心實在俗，以數往俗家故，恩愛漸萌，日浸月漸，終於罷道還俗矣。

吾人須知，衆生皆因欲貪故，於平等法中，妄分親疏，父子夫婦互相酬唱，從劫至劫不知醒悟。吾人幸夙植善根，得覷破此種虛妄，可謂萬幸，其宜如何自拔，當有以自圖矣。又復應知，平等法中，衆生與我無異，我欲出離，衆生自然亦想出離，故應發同體大悲心，方便濟度。至父母子女亦屬衆生數攝，應度應濟，更不待言矣。

二五

學道參禪第一要發了生死心，生死心不切，必難獲得實益，往往悠悠揚揚虛度一生；縱稍有成就，中途多爲名利變心，而功虧一簣。

但如過份畏懼生死，其弊病亦非小！上焉者隱居山林惟求自了，不肯涉俗利生；下焉者消極頹唐，視學教參禪爲畏途，高推諸聖而辜負己靈。明清以來的中國佛教，這種趨勢最爲明顯。

過份畏懼生死，除了增加無謂顧慮，障礙修道外，會令人退失菩提心。大乘經論中曾廣引，如華嚴經卷五十七：「……菩薩摩訶薩有十種退失佛法，應當遠離。何等十？所謂輕慢善知識退失佛法，畏生死苦退失佛法……」瑜伽師地論菩薩地發心品：「……有四因緣，能令菩薩退失菩提心。何等爲四？一、種姓不具。二、惡友所攝。三、於諸衆生悲心微薄。四、於極長時種種猛利無間無缺生死大苦，難行苦行，其心極生怯畏驚怖。如是四種心退因緣，與上發心四因相違。」另外經中並有讚歎菩薩摩訶薩不畏生死濟度衆生的偉大志行，如大般涅槃經梵行品：「……又復不可思議，菩薩摩訶薩所見生死無量過患，非是聲聞、緣覺所及；雖知生死無量過患，爲衆生故，於中受苦，不生厭離……」我國佛教素以大乘自命，而大乘精神今日似已蕩然無存；這也許是宿世因緣差別吧。

今人參禪辦道，不妨效古人：「但將生死二字貼在額頭上，如欠人萬貫相似。」日夜以生死為念，如救頭然；但也要時時發大願，悟後拼捨生命，廣引後學，決不做一個自了漢。

二六

經云：「諸法自本來，常自寂滅相。」諸法實相，唯一晴虛，無剎那頃斷續之相。見有過去未來，淨穢凡聖，皆是衆生妄情分別，與此實相本體了不相干。譬如明鏡鑒物，鏡中雖有無量差別，總歸不出影像，與鏡體了不相涉之理相似。所以大乘極唱生死即涅槃，煩惱即菩提，叫人即妄體真，窮研現前一念！古德為剿絕學人意識分別（棄鏡體認影像），故不多開示，單刀直入，使其歇卻狂心，頓見鏡體。謹錄諸法語於次：

僧問馬祖：「如何是西來意？」祖曰：「只今是什麼意？」

僧問藥山：「如何是涅槃？」山曰：「汝未開口時，喚作什麼？」

僧參羅漢院守仁，問：「如何是涅槃？」師曰：「生死。」曰：「如何是生死？」師曰：「適來道什麼？」

三角山令珪禪師，行化一方，僧問：「如何是佛？」師曰：「明日來向汝道，如今道不得。」

隆壽法騫禪師，有僧到參，至明日入方丈請師心要，師曰：「昨日相逢序起居，今朝相見事還如；如何卻覓呈心要，心要如何特地疏！」

大凡語愈簡，義愈顯，詞愈繁，旨愈晦，故曰：「彼自無瘡，勿傷之也。」

二七

鹽官齊安禪師，有講僧來參，師問云：「座主蘊何事業？」對云：「講華嚴經。」師云：「有幾種法界？」對云：「廣說則重重無盡，略說有四種法界。」師豎起拂子云：「這個是第幾種法界？」座主沈吟，徐思其對。師云：「思而知，慮而解，是鬼家活計，日下孤燈，果然失照！」座主雖窮奧經論，但皆屬比量，齊安豎起拂子，冀其見境即見心，識取不動現量，座主不達，棄日光認孤燈，向意識裡卜度，故爲齊安所呵。然此意甚深甚深，非凡愚境界，須引喻來顯發：「師（大慧杲）因入室退閑坐，忽云：『今日時兄弟知見情解多，須要記閑言長語來這裡答，大似手中握無價摩尼寶珠，被人問爾手中是什麼，卻放下拈起一個土塊，可殺痴！若恁麼參，到驢年也不省。』」

佛與衆生雖迷悟之有殊，而此不動現量了無差異，世尊夜睹明星悟道，獨覺觀落葉而無師自悟，乃至靈雲睹桃花而開悟，皆無神秘奇特之處，只是明見此不動現量而已！

然則現量與比量如何分別？幸有現成註解，古德云：「有見無覺是現量，稍涉覺知即落比量。」吾人皆具有此無價大寶，十二時中，不分鬧靜，時時回頭看。

二八

閱讀經教，貴在得意忘言，才能與理相契，如：

大慧杲示張太尉益之書：「佛言：若有欲知佛境界，當淨其意如虛空，遠離妄想及諸取，令心所向皆無礙。佛境界即當人自心現量不動不變之體也，佛之一字，向自心體上亦無著處，借此字以覺之而已。何以知之？佛者覺義，爲衆生無始時來，不信自心現量本自具足，而隨逐客塵煩惱，流轉三界，受種種苦，故苦相現時，自心現量之體隨苦流蕩，故諸佛愍衆生流蕩之苦，借佛字以覺之，既已覺，則佛之一字亦無用處。佛是衆生藥，衆生病除，則佛藥無用。凡看經教及古德因緣，當如是學。」

經典中更有簡明的垂示，如楞伽經云：「見佛聞法，皆是自心分別，不起見者，是名見佛。」故此理不可不信。

茲再錄一段公案，來證明閱讀經教語錄必須得意忘言，否則愈加迷惑：「侍制潘良貴依佛鐙守珣，久不契。一日以南泉斬貓兒話問曰：『某看此甚久終未透徹，告和尚慈悲。』佛鐙曰：『你祇管理會別人家貓兒，不知走卻自家狗子。』潘良貴於言下如醉醒。」此個公案，頗值玩省。

二九

衆生有八萬四千煩惱，故佛開八萬四千法門對治之。藥無貴賤。對症者良，法無高下，契機者勝，只要依而行之，皆能得到利益。乃至持一句一偈，莫不皆是阿伽陀藥，佛世周利槃特尊者，即因持「掃帚」二字而證阿羅漢果。如分別功德論五云：「此比丘精神疏鈍，佛教使誦掃帚，得帚忘掃，得掃忘帚，六年之中，專心誦此，意遂解悟，而自惟曰：『帚者篲，掃者除；帚者即喻八正道，糞者三毒垢也，以八正道篲掃三毒垢，所謂掃帚義者，正謂此耶？』深思此理，心即開解，得阿羅漢道。」

此土衆生因持偈而獲益的，也屢有所見，如傳載：

「自嚴尊者，有一沙彌，無多聞性，而事師謹愿。師憐之，作偈使誦，久當聰明。偈曰：『大智發於心，於心何處尋，成就一切義，無古亦無今。』於是世間文字語言，一覽誦念，無所遺忘，偈語章句，援筆立就。」

寂音、紫柏二尊者，及黃庭堅居士，於毗舍浮佛偈「假借四大以為身，心本無生因境有，前境若無心亦無，罪福如幻起亦滅。」持誦最勤。寂音尊者於此得大安樂；黃庭堅居士生平最推重寒山詩，而曰：「寒山詩雖佳，然源從七佛偈流出。」七佛偈中，毗舍浮佛偈尤為殊勝！紫柏尊者於毗舍浮佛偈尤為讚歎備至，自持勸人持，生平曾謂：「吾持二十餘年，已熟句半，若熟兩句，吾於生死無慮矣！」此偈之「心本無生因境有，前境若無心亦無。」尤為剋制妄心的利器。

憨山大師，居常以六祖悟道偈中：「本來無一物」，令學者於動靜中時時提撕，久而久之，即可脫落根塵。此是憨山大師已驗之方，吾人不妨一試。

時屆末法，衆生根機轉鈍，復不得善知識指導，修其他法門類多利弊參半，且有茫然無從之感。唯持偈一法，最為穩當，有利無弊，誠末法之度苦津梁。

三〇

世俗之人，迷頭認影，惟求增廣見聞，甚者且以此資口舌，廣聲譽，不但無裨心性，且今生增加散亂，來世增長邪見，佛稱爲可憐愍者。須知不會佛法，縱使學貫中外，博通古今，總歸捨本求末，總歸顚倒，今舉一趣例證之：

「洛京南院和尚，有儒士博覽古今，時人呼爲張百會，一日來謁師，師曰：『莫是張百會麼？』曰：『不敢。』師以手於空畫一畫曰：『會麼？』曰：『不會。』師曰：『一尚不會，什麼處得百會來！』」

三一

學者第一要務在究心，心明則出言發語莫不冥契實相，寥寥數語，即能包羅禪教要義，故曰：「只愁不成佛，不愁佛不解語。」

安國自方禪師上堂，顧視大衆曰：「還會麼？一切現成，不用絲毫心力，但盡凡心，別無聖解。所以道觀身實相，觀佛亦然，前際不來，後際不去，今則無住，無住之本，流出萬端，萬象森羅，一時驗取！」

細而分之，五法，三自性莫不含攝在內：

馬祖云：「一切衆生從無量劫來，不出法性三昧，常在法性三昧中著衣喫飯，言談祇對，六根運用，一切施爲，盡是法性，不解返源，隨名逐相，迷情妄起，造種種業，若能一念返照，全體聖心。」

三二

出家是大丈夫事，非將相所能爲。何謂大丈夫？律中以能忍耐寒、熱、風、雨、饑、渴、能持戒、一食、忍惡言及毒蟲十事爲丈夫相。儒家則標榜：「富貴不能淫，貧賤不能移，威武不能屈」爲大丈夫。前者暫置勿論，如儒家所云的大丈夫，亦殊不易爲，唯吾釋門高僧，殄滅四魔，悟徹無生，行之則了無難色，如四祖道信禪師即其一：

「師居雙峯山；貞觀十七年，文武皇帝勅使於雙峯山，請師入內，信禪師辭老不去。勅使迴見帝，奏云：『信禪師辭老不來。』勅又遣再請。使至信禪師處，使云：『奉勅遣請禪師。』禪師苦辭老不去，語使云：『若欲得我頭，任斬將，我終不去。』使迴見帝奏云：『須頭任斬將去，心終不去。』勅又遣使封刀來取禪師頭，勅云『莫損和上』使至和上處，云：『奉勅取和上頭，禪師去不去？』和尚云：『我終不去。』使云：『奉敕云，若禪師不來，斬頭將來。』信大師引頭云：『斬取！』使返刀乙項，信大師唱言：『何不斬！更待何時？』使云：『奉勅不許損和上。』信禪師大笑曰：『教汝知有人處！』」

又如圭峯宗密的不畏權貴，臨危救難，尤值吾人敬仰：

「當長慶元和已來，中官立功執政者孔熾。內外猜疑，人主危殆。時宰臣李訓酷重於密：及開成中僞甘露發，中官率禁兵五百人出閤，所遇者一皆屠戮；時王涯、賈餗、舒元輿方在中書會食，聞難作，奔入終南投密；唯李訓欲求翦髮匿之，從者止之。訓改圖趨鳳翔。時仇士良知之，遣人捕密入左軍，面數其不告之罪，將害之。密怡然曰：『貧道識訓年深，亦知其反叛；然本師教法，遇苦即救，不愛身命，死固甘心。』中尉魚恆志嘉之，奏釋其罪。朝士聞之，扼腕出涕焉。」

三三

德山云：「我宗無語句，實無一法與人。」但離卻六塵緣影，當下即是。故宗門無量施設，只是一期方便，不宜隨名生解，執藥成病。

趙州柏樹子、洞山麻三斤、雲門乾矢橛，今人多作法身遍一切處解，多作道在屎溺解；恁麼會，只是座主見解，何能透得生滅？今謹舉五祖演禪師拈提柏樹子話，來幫助我們體會：

「舉：僧問趙州：如何是祖師西來意？州云：庭前柏樹子。恁麼會，便不是了。如何是祖師西來意？庭前柏樹子。恁麼會，方始是。」此即發明「應無所住而生其心」，「直心是道場」經意；佛法非易亦非難，信哉！

又大慧杲令人看雲門乾矢橛話，也可供吾人參考：「但向平昔心意識湊泊不得處、取不得處、捨不得處，看個話頭：僧問雲門：『如何是佛？』門云：『乾矢橛。』看時不用將平昔聰明靈利思量卜度，擬心思量，十萬八千未是遠。莫是不思量、不計較、不擬心便是麼？咄！更是個甚麼？且置是事。」

三四

僧問趙州：「如何是出家？」州云：「不履高名，不求苟得。」趙州老人八十行腳，三十年不雜用心，確確實實是做到了這兩點。故實至名歸，後人尊之爲古佛！觀其出世接人，何等簡捷：問：「如何是佛？」州曰：「殿裡底！」曰：「殿裡者豈不是泥龕塑像？」州曰：「是。」曰：「如何是佛？」州曰：「殿裡底！」「趙州和尚見僧，喚云：『近前來！』僧近前，州云：『去！』多少省力！若薦得乃是十成完全，若作如之若何，則知見生也！」（錄自圓悟示民知庫）

三五

雲門云：「我事不獲已，向汝諸人道直下無事，早是相埋沒了也！更欲踏步向前，尋言逐句，求覓解會，千差萬別，廣設問難，贏得一場口滑！去道轉遠，有什麼歇時！此事若在語言上，三乘十二分教豈是無言語？因甚麼更道教外別傳？」故古來宗師接人，至爲簡要，如德山入門即棒，臨濟遇僧即喝，無業逢人來參但云莫妄想，乃至俱胝一指，魯祖面壁，禾山解打鼓，打地唯打地，徹頭徹尾顯揚宗風。以後五宗七派與起，門庭漸立，所謂五位君臣、四種料簡、三關、九帶、十智同真等等，層出不窮；雖說互相提倡，皆能利益一部份根機，而宗風也由之開始紊亂矣。此種情勢發展至宋季，尤見泛濫，如心聞和尚曰：「教外別傳之道，至簡至要，初無他說，前輩行之不疑，守之不易。宋真宗天禧間，雪竇以辯博之才，美意變弄，求新琢巧，繼汾陽爲頌古，籠絡當世學者，宗風由之一變矣。逮宣政間，圓悟又出己意，離之爲碧巖集；彼時邁古淳全之士，如寧道者，死心，靈源，佛鑑諸老，皆莫能迴其說。於是新進後生，珍重其語，朝誦暮習，謂之至學，莫有悟其非者，痛哉！學者之心術壞矣！紹興初佛日（即大慧杲）入閩，見學者牽之不返，日馳月騖，浸漬成弊，即碎其板，闢其說，以至祛迷援溺，剔繁撥劇，摧邪顯正，特然而振之；衲子稍知其非，而不復慕。然非佛日高明遠見，乘悲願力，救末法之弊，則叢林大有可畏者矣！」故欲得心宗重振於世，勢須痛掃積習，直接師法古德作風。

三六

宗師說法大抵是應病與藥，學人須善體會其意，不可執著一邊，不然的話，矯枉過正，其弊病尤不堪言者！雲門大師極反對人多知多解，乃至傳載的：

「雲門說法如雲，而絕不喜人記錄其語，見必罵逐曰：『汝口不知用，反記吾語，異時裨販我去。』」是因爲當時學人不能得意忘言，執爲實法：「待老和尚口動，便問禪問道，向上向下，如何若何，大卷抄將去，塞向皮袋裡卜度。」所謂依他作解，塞自悟門，故而遭到雲門的呵叱。

適度的葛藤，雲門並不反對，因爲捨此，學人無由得入，如他說：「……諸兄弟！若是得底人，他家依衆遣日。若未得，切莫掠虛，不得容易過時，大須子細！古人大有葛藤相爲處：秖如雪峯和尚道：盡大地是爾。夾山和尚道：百草頭上薦取老僧，鬧市裡識取天子。洛浦和尚云：一塵纔起大地全收，一毛頭師子全身。總是爾把取翻覆思量看，日久歲深，自然有箇入路……」善知識說話終不矛盾，要在學人善加體會。

三七

契經中，佛告舍利弗：「汝愼勿爲利根衆生廣說法語，而爲鈍根衆生約略說法。」大乘起信論中也將衆生根性加以分類：「……若如來滅後，或有衆生，能以自力，廣聞而取解者。或有衆生，亦以自力，少聞而多解者。或有衆生，無自智力，因於廣論而得解者。亦有衆生，復以廣論文多爲煩，心樂總持少文，而攝多義，能取解者。」禪宗唯接上根，正攝「或有衆生，亦以自力，少聞而多解者。」故達磨西來，直指人心，見性成佛；乃至「舉不顧，即差互，擬思量，何劫悟。」的疾捷作風，中下根人是會感到茫然無措的。故學人應自忖根力，不可好高騖遠，致勞而無功；如能窮研三藏，廣引後學，摧破邪外，一樣是成佛的正因。

三八

圓悟佛果，爲有宋一代宗師。嗣法五祖演。門下出虎丘紹隆，大慧宗杲等。遊方時遍謁知識，真參實學，自云：「山僧在衆，無一時異緣，十年方得打徹。」出世後，道價騰芳，譽滿叢林，七坐道場，三奉詔旨，語錄流布，諸方爭競。虎丘紹隆即因閱師語錄而嚮往，嘗曰：「想酢生液，雖未能澆腸沃胃，要且使人慶快，第恨未親聆謦欬耳！」其爲人仰重爲若此也。惜後因評唱雪竇頌古，毀譽參半。

圓悟禪師所開示的法語，雄偉而歸於平實，聖凡兩邊俱不倚恃，頗有大宗師氣慨！今謹錄數則，以見一斑：

「此一件事，直饒三世諸佛出興，以無量知見方便接引，亦只有限，歷代祖師，天下老和尚設千百問答提持，亦只有限，不如向自己腳跟下，究取威音王以前，空劫那畔自己家珍，隨處受用！也須是大丈夫漢意氣，方有如是作略！亦不依他言語指示，不受他欺謾，從朝至夜，入息不居陰界，出息不涉萬緣，極是省要；只爲各各當人自違背此事，向六根門頭，認光認影，不得快活。卻云爭奈某甲疑何？且道疑從什麼處來？又道某甲爲什麼道不得？只你這道不得底是什麼？爲你不能回光直下承當！祖師道自己分上有如是靈光，有如是自在，一切衆生流浪情塵，不能解脫。假使將此一大事因緣，種種垂示，猶是有機有境，落在情塵。要會麼？直是一念不生，方有少分相應！」

「見與佛齊，猶有佛地障在。」

「才毫髮要無事，早是事生。」

「欲得親切，第一不用求，求而得之，已落解會。」

「百不干懷時，圓融無際，脫體虛凝，一切所爲，曾無疑間，謂之現成本分事；及至纔起一毫頭見解，欲承當，作主宰，便落在陰界裡，被見聞覺知，得失是非籠罩，半醉半醒，打疊不辦……」「大宗師爲人，雖不立窠臼露布，久之，學徒妄認，亦是窠臼，蓋以無窠臼爲窠臼，無露布作露布，應須及之令盡，無令守株待兔，認指爲月。」圓悟禪師雖見識及此，然於評唱雪竇頌古時，仍然忽略了這一點，惜哉！然亦可見爲師者之不易！

三九

衆生流轉生死，皆因認賊爲父，與心意識爲伍，今欲出離生死，固非捨卻心意識不可。心意識極難捨，何以故？衆生無量劫來無一日不與心意識爲伍，今欲一旦迴轉，談何容易？故莫怪龐老云：「難、難、難，十擔油麻樹上攤」了。心意識復極易捨，何以故？心意識性離；非心意識纏縛衆生，而是衆生妄自繫縛，妄生心意識；說捨離，也只是方便施設。所以龐婆說：「易、易、易，百草頭上祖師意。」心意識雖難捨而其體性離，不須加工，心意識雖易捨，而凡情聖解皆能染污，不可生趨向心。故龐女靈照云：「也不難，也不易，饑來吃飯睏來睡。」然言多去道轉遠，不如仍引古德開示，較爲相宜：

真淨文禪師因朱顯謨世英問佛法大意，而答之曰：「辱書以佛法爲問；佛法至妙無二，但未至於妙，則互有長短。苟至於妙，則悟心之人，如實知自心，究竟本來成佛，如實自在，如實安樂，如實解脫，如實清淨。而日用惟用自心，自心變化，把得便用，莫問是非，擬心思量已不是也！不擬心一一天真，一一明妙，一一如蓮花不著水！所以迷自心故作衆生，悟自心故成佛；而衆生即佛，佛即衆生，由迷悟故有彼此也。如今學者多不信自心，不悟自心，不得自心明妙受用，不得自心安樂解脫；心外妄有禪道，妄立奇特，妄生取捨，縱修行，落外道二乘禪寂斷見境界。」此中尤緊要處在：「日用惟用自心，自心變化，把得便用，莫問是非，擬心思量已不是也！不擬心一一天真，一一明妙，一一如蓮花不著水！」似此等開示何等簡明！是知上來難、不難等皆成剩語。

四〇

古德譯述，大抵皆有所依憑，或有所契悟的，故後學不可妄生懷疑，自失善利。且非議不當，亦會遭到別人的檢點，這，連鼎鼎大名的圭峯大師也不能例外：

「舒王（王安石）問師（真淨文）：『經曰：一切衆生皆證圓覺。而圭峯以證爲具，謂譯者之訛，如何？』師曰：『圓覺如可改，維摩亦可改也！維摩豈不曰：亦不滅受而取證。夫不滅受蘊而取證者，與皆證圓覺之意同。蓋衆生現行無明即是如來根本大智。圭峯之言非是。』舒王悅，稱賞者累日。」

但古德如確偶有不當，或見有所不及的地方，吾人亦不宜一味順從；如真淨文不贊成圭峯宗密說法者即其一例。

四〇則（載民國五六年「獅子吼」刊第六卷、七卷）

「法海點滴」書後

謝冰瑩

在我没有拜讀惟明法師的「法海點滴」大作之前，早已久仰他的學識，和苦修的精神。他過去曾以不同的筆名在「獅子吼」、「覺世」、「菩提樹」等佛教刊物上，發表有關教理及護教方面的許多文章，簡潔流利，精闢周到，令我敬佩萬分！

通常我們形容佛法有如一座寶山，一個人到了寶山，空手而回，或是僅揀拾一些石頭瓦塊之類回家，是很可惜的。無可諱言，三藏經典，固然是佛菩薩金口所說的；但由於說法對象不同，理有淺深，又經過長期流傳，夾雜後人的附會，偽經的滲雜，而呈現著五花八門現象；如没有「擇法眼」，是很難挖掘到金玉鑽石之類寶物的。

在「法海點滴」裡，有惟明法師的讀經札記，學佛心得，學禪研究，内容豐富，很多都是發揮第一義諦的文章；既没有玄奥艱澀的感覺，也不是一味通俗，可說是深入淺出，容易引起大家共鳴。

「法海點滴」所展現的，正是寶山採掘回來的珍寶，初入佛門的人看了，能辨別真僞，獲得正知正見；對學佛已有基礎的人來說，能更上一層，深霑法益。這是難得的一本好書，如能仔細研讀，能夠開啓智慧，獲益良多。

冰瑩在佛學方面，是個門外漢；在學佛方面，也只是個初起步者，原本計畫從師大退休以後，以全副精神專心學佛；誰知這幾年來，又爲眼疾所苦，不能多讀多寫，因此儘管對於惟明法師的大作，有很多佳句想要引用介紹的，只好請讀者朋友，自己去欣賞了。

最後，我祈望惟明法師繼續發揮「利他」精神，在禪觀之餘，不斷寫出學佛心得，嘉惠讀者，功德無量！

中華民國七十二年四月三日于舊金山。

（載民國七十二年五月二日中央日報　晨鐘）

附語

「法海點滴」四版由弘光印經會、文殊淨心會發起印行。校勘工作由鐘周鵬居士董其事。事竣，鐘居士有感於佛教現狀，雖曰呈中興狀態，但情勢有些紊亂，希望能引幾句佛經祖語做爲規範和指南。因敬書於後：

四種教誡——佛臨入涅槃，囑咐阿難四事：

一、佛滅度後，弟子輩勿謂無所依怙，應以戒爲師。

二、依四念處修。（四念處即：觀身不淨、觀受是苦、觀心無常、觀法無我。依此修能破五蘊身心，見恢弘法身。）

三、諸經經首安「如是我聞」，以別於外道經典。

四、對惡性比丘以默擯處置。（今世也適用於一些不正信居士。）

三法印和一實相印——諸小乘經若有無常、無我、涅槃三種內涵的，即爲佛說；若無三法印，即爲魔說。諸大乘經若指歸一實相的，即爲佛說；若無實相印者，即是魔說。（以三法印和一實相印鑑定，則附佛法外道無所遁形！）

法四依——一、依法不依人。二、依了義經不依不了義經。三、依義不依語。四、依智不依識。（識、分別，智無分別；依智——般若，可超越科學。）

五乘佛法——一、人乘。二、天乘。三、聲聞乘。四、緣覺乘。五、菩薩乘。（佛法應在上述五乘中求：亦即在因緣果報，體會空理上努力！但今世消災、薦拔大行其道，湮沒佛教本來面目。）

佛弟子如能對右列幾點，努力起觀照，自能辨別邪正，建立正確觀念。八正道中正見爲首；起步若差，則愈趨愈遠，不可不愼！因鐘居士提及，附數語於後，與讀者共勉。

——惟明　民國七十九年六月五日

國家圖書館出版品預行編目資料
正法難聞：惟明法師開示語錄. 2 / 惟明法師著. --
初版. -- 新北市：華夏出版有限公司, 2023.11
面； 公分. --（惟明法師作品集；002）
ISBN 978-626-7296-68-4（平裝）
1.CST：佛教說法 2.CST：佛教修持

225.4 112012039

惟明法師作品集 002
正法難聞：惟明法師開示語錄 2

著　作　惟明法師
印　刷　百通科技股份有限公司
電話：02-86926066 傳真：02-86926016
出　版　華夏出版有限公司
220 新北市板橋區縣民大道 3 段 93 巷 30 弄 25 號 1 樓
電話：02-32343788 傳真：02-22234544
E-mail： pftwsdom@ms7.hinet.net
總經銷　貿騰發賣股份有限公司
新北市 235 中和區立德街 136 號 6 樓
電話：02-82275988 傳真：02-82275989
網址：www.namode.com
版　次　2023 年 11 月初版一刷
特　價　新台幣 400 元（缺頁或破損的書，請寄回更換）

ISBN-13： 978-626-7296-68-4